面倒くさがり屋の僕が
3ヶ月で英語を話せるようになった唯一無二の方法

カバーデザイン　bookwall
カバー写真　高橋浩

本文イラスト　SMO

まえがき

須藤元気が英語の本？

この本を手に取ったあなたはそう思ったかもしれません。僕自身、自分が英語学習の本を出すとは思っていませんでした。一年前までは。

WE ARE ALL ONE.

格闘家の頃から僕が掲げていたキャッチフレーズです。僕はそのビジョンに向かって自分ができること、自分がやりたいことをやり続けてきたのですが、一つだけ、「こうなりたい、こういう自分でありたい」と思いつつ、長年にわたって実現できていないことがありました。

英語です。

正確に言うと、「英語が話せる自分」です。

「WE ARE ALL ONE」と言いながら、英語で思いを伝えることができていませんでした。

格闘家としてデビューしたときは、一年間ロサンゼルスに格闘留学していたので、「逆輸入ファイター」と紹介されていました。そのおかげで、「英語できる人なんでしょ?」と思われたときもありましたが、「なんとなく英語ができる」フリをして日々を過ごしていたのです。

当時、「Nice to meet you. I'm Genki」くらいは言えましたが、そのあとの英語のやり取りに関してはキアヌ・リーブス風の微笑を浮かべて「Oh, yeah」と言っているだけでした。相手が「これがオリエンタリズムか」と思ってくれればよかったのですが、そうではなかったはずです。

格闘家を引退してから、何度か英会話学校にも通いました。というか、何度も通いました。そして、何かいい方法はないかと英語学習の本を合計五〇冊以上買いました。「英語をやらなきゃいけない」と、使命感みたいなものを抱えて英語に取り組む日々。……ダメでした。

誰でも「〜しなければいけない」と思っている何かよりも、「〜したい」と感じる何かに夢中になるはずです。そのときの僕は英語に対して「〜しなければいけない」モードだったのかもしれません。

「海外でも活躍できるようになるために英語をマスターする」という目標を自分の中に掲げながら、他のことに気を取られ三日坊主。

スマホのゲームをついついやってしまう試験前の受験生みたいなものです。「やらなきゃいけない」というものほど、やるのを後回しにしてしまうという法則。

そんな僕に転機が訪れたのは、二〇一一年七月でした。このときの僕は、格闘家時代からやりたいと思っていたことの一つ、ダンスパフォーマンスユニットWORLD ORDERの活動を中心に日々を過ごしていました。

そのWORLD ORDERが、ロサンゼルスで開催されたマイクロソフト主催の「WPC2011」のオープニングイベントに招待されたのです。興奮しました。でも、「いざ本番」の前夜のことだったのですが、主催者側からまさかの依頼。

「冒頭、英語でスピーチしてくれませんか?」

……え?

ただでさえ、うまくダンスができるか不安でしたし、公の場で英語を話したこともありません。しかも、そのときのお客さんは四万人。

「そんなのムリだよ!」と僕は心の中で叫びました。

でも改めて考えてみたら、日本人である僕らが、二〇一一年に海外でパフォーマンスをするのであれば、東日本大震災に触れたスピーチをしてもらいたい気持ちはわからないでもない。覚悟を決めてスピーチすることにしました。

僕は戦略を練りました。まず、現地のスタッフに英語でスピーチ原稿を作ってもらい、実際にスピーチするような感じで話してもらいました。そしてそれを録音し、原稿と音源を持ってホテルの部屋に戻り、一人で何度も何度も声に出して繰り返したのです。

そして次の日。いよいよ本番！

台詞《せりふ》を忘れるリスクに備え、本番ではメインカメラの下にあるモニターでカンペを出してもらいました（笑）。

あれは、僕の人生の中でも五本の指に入る緊張の瞬間だったと思います。スピーチもダンスパフォーマンスも大きな失敗をすることなく無事に終え、ホッと胸をなでおろしたその瞬間、会場から沸き起こった大きな拍手。このとき思いました。

「やはり、英語が話せるといいなー」

英語が、僕の中で「～しなければいけない」から「～したい」ものへと変容した瞬間でした。

ただ、これでメキメキと英語が上達したわけではないのが、学びの難しいところ。

僕の中にある「英語でコミュニケーションが取れる自分」というビジョンは、まだまだ明確ではなかったのかもしれません。

ただ、ありがたいことにWORLD ORDERはその後も活動の場を海外へ広げていき、また学生レスリングの日本代表監督としても海外遠征が増えていきました。それに伴って英語の必要性も上がっていき、英語で聞かれたり、英語で答えたりする機会が多くなっていきました。

僕の中で少しずつ、でも確実に高まっていった「英語を喋りたい、英語で自分の思いを伝えたい」という願望。長年の目標だった英語に「ハマる」日が、ついにきたのです。

正直、ハマるというより無理やり自分でハメました。

「このままでは何となく話せるだけで、自由に話せるようにはならない」と気がついたからです。

そして僕は、「ここで一気に英語を習得する」と決意して、英会話学校「eLingo」（https://www.elingo.jp/）を設立しました。

英会話学校の代表となれば、世間からは「英語が話せて当たり前」と思われるはずなので、モチベーションを維持できます。さらに、ビジネスをしながら自分の学校で英語の勉強もできるので一石三鳥です。そして、運良くナズと出会いました。彼は当時、ある英会話学校の先生として働いていたのですが、人間としても英語の先生としても大変素晴らしく、一緒に学校を立ち上げることになりました。そのおかげもあって、毎日のように英語と接することができるようになり、上達が早まりました。

この本では、英語がほとんど話せなかった僕が、日常会話で困ることがないレベルの英語力を身につけた戦略と思考法を書こうと思います。英会話の学習法としては、それなりに自信があります。なぜなら、誰より面倒くさがり屋の僕が喋れるようになった実体験を踏まえて書いているからです。

「英会話」という目的だけに徹した学習法なので、そこから外れるものに関しては思い切って捨てていきます。「やらないこと」を明確にし、「やるべきこと」を何度も繰り返すことで、最大の効果を得る。それが目的です。

この本は、「英語での対人コミュニケーション（＝スピーキング）」に特化しています。英語の初心者はもちろん、TOEICなどである程度の点数はあるけど「英会話」が苦手な方向けです。

旅先で困らない英語力、道に迷っている外国人観光客を助けられるレベルの英語力、お店で隣り合わせになった外国人と一～二時間会話できるくらいの英語力。自分はどういう人間かを初対面の外国人に伝えられるレベルの英語力。そういったものをお求めの方の参考になれば嬉しく思います。

そして、英語でのコミュニケーションの楽しさを知り、もっと英語学習を深めていただくのもいいかもしれません。実際に僕がそうで、現在、もう一段階上を目指して勉強を頑張っています。

あと、本題に入る前に、これだけは言わせてください。

やると決めたら短期集中でいきましょう。何年もかけて地道に英語を勉強するのは素敵だと思いますが……たぶん、飽きます。たくさんのことを覚えようとするのではなく限定して覚え、実践で使えるようにする。要するに、「一点突破全面展開」。

バケツ一杯の水を溢れさせようとするのではなく、コップ一杯分の水を溢れさせるイメージです。

こんなことを書くと、嘘っぽく響いてしまうかもしれませんが、この本に書かれていることを実践すれば、「どこの国に行っても、英語で外国人とコミュニケーションが取れるレベルの英語力」が三ヶ月で身につきます。

断言する理由は、英語学習において僕は「遠回り」したからです。たくさんの学校に通い、たくさんの学習メソッドの本を読み、それでも挫折して何とかここにたどり着きました。

遠回りして学んだことは、たいていの場合、「近道」して学んできたことよりも実りがあるんです。その経験を皆さんと共有したいと思います。

須藤元気

「やらないこと」を明確にし、
「やるべきこと」を何度も繰り返すことで、
最大の効果を得る。

目次

Chapter

2

学習篇——どうすれば三ヶ月で英語を習得できるか

Chapter 3

実践篇——身につけた英語をどう活用するか

Chapter 1

準備篇

英語を学ぶ前に意識しておくべきこと

英語を極めるよりも大切なこととは？

こんなことを書くのは非常識かもしれませんが、英語の勉強は「ほどほど」がベストだと僕は考えています。これはこの本全体を貫く思想でもあるので、詳しく書こうと思います。

今、英語は国際言語として隆盛を極めています。

たとえばですが、中国に行って、道を聞きたいとき。「中国語よりは英語のほうがわかるなー」ということで、人のよさげな誰かをつかまえて、**Excuse me, do you speak English?**（すいません、英語話せますか？）と聞くというのは、よくある光景なのではないでしょうか。

それくらい、世界のコミュニケーションの主流となっている言語、それが英語です。

「英語が喋れるようになると、いろいろな国の人と会話ができて、すごく楽しそう」

これが、僕が英語を学ぼうと思った最大の理由です。皆さんもきっとそうなのではないでしょうか。

でも結局のところ、僕らにとって英語は母国語ではありません。

「英語が喋れる」というのは現代社会においては大きな武器になるでしょうが、だからと言って、「日本語より英語が優れている」というわけではありません。

よく言われることですが、日本語と英語では文章の構造が違います。でも、そこに優劣はありません。日本語は述語が最後にきますが、英語では主語の後に述語がくる。

英語の場合、「誰が何をするのか」ということが相手にスピーディに伝わる。だから、自分の意思を主張するのに、便利な言語かもしれません。

でも、日本語には日本語ならではの歴史と豊かさがあります。「何をするのか」が最後にくる文章構造でモノを考え続けてきた僕ら日本人は、奥ゆかしい思考回路を持っているのです。たとえば、「惻隠《そくいん》の情」なんて美しい言葉、英語にはありません。「忖度《そんたく》」という単語もたぶんないでしょう（「imagination」がそれに近いかもしれないけど、なんかちょっと違うかな……）。

僕ら日本人が脈々と積み重ねてきた歴史。それはもちろん「日本語」に支えられて、過去から現在へとバトンタッチされているのです。

つまり、言語と国民性は密接に結びついているのです。だから、僕らが英語でモノを考えたとしても、新しい発明を生み出すことはなかなかできません。僕も何かの構想を練っているときは日本語で考えます。じゃないと、考えが深まっていきませんし、ディテールを詰めていくこともできないんです。

そんな僕らが英語を勉強して、その結果、英語をかなり喋れるようになったとします。

そこで大事になってくるのは、英語で「何を話すか」ではないでしょうか。

つまり、人としての魅力が問われると思うのです。

自分のリソースを英語だけに費やしてしまうと、「英語は喋れるけど、あんまり面白みのない人」になってしまう危険性があります。

ですから、ＴＯＥＩＣで九〇〇点近く取れている人が、さらに上の点数を目指す必要はないと僕は思います（ゲーム感覚で高得点を狙っている方は別ですが）。それだったら、「せっかく身につけた英語力で何を語るか」の部分に注力したほうがいいのではないでしょうか。

僕が言う「ほどほど」とは、楽をしましょう、ということではありません。

ネイティブスピーカー並みになることを目指すこともいいかもしれませんが、他の何かを習得するためにも時間とエネルギーを費やすほうが有益だと思うのです。

たとえるなら、英語は借りてきた洋服のようなものではないでしょうか。それをそのまま着て勝負するのではなく、あくまで自分たちの文化の服を着た上で、英語を使うのがベストなのだと思います。

大事なのは
英語で「何を話すか」。

「学校で一番」「クラスで一番」と言えるものを複数揃えて、オンリーワンを目指す。

「英語を極める」という方向を目指さないのだとしたら、僕らは英語とどう向き合うのがいいのでしょうか。

これは明らかな事実ですが、僕より英語が上手な人は腐るほどいます。でも、そんな人でもネイティブと比べたらまだまだかもしれません。

いやいや、ネイティブ並みに喋れる人もいるよ！　とおっしゃる方もいるかもしれませんが、喋れるだけでは勝負にならないのが現実です。

誰でも人生で勝負をしなくてはいけない局面がありますが、基本的には自分が勝てる土俵で勝負するのが得策です。

「英語」という土俵で勝負したいという方を止めるわけではありませんが、その土俵で勝つことは至難の業と言わざるを得ません。

職人を目指すと多くの方が挫折します。ですから、トータルのグランドデザインを考えるプロデューサーになることを意識してください。スティーブン・スピルバーグになりきるんです。

自分の話になってしまいますが、僕も格闘家時代からプロデューサー的視点を大切にしていました。試合で勝つ以外に入場パフォーマンスやインタビューで何を話すかも意識していたのです。多くの選手がそういったことを意識していなかったので、差別化を図ることができました。

「当たり前のことを当たり前と思わない」ところから、新しいものが生まれます。

そんな僕が格闘家を引退して、人生のグランドデザインを改めて考えたとき、こういう戦略を立てました。

「学校もしくはクラスで一番」と言える何かを複数揃えて、トータルの力で勝負しよう。

皆さんは、「これに関して自分は日本一だ」「これをやらせたら私は世界一よ」と言えるものはありますか。

そこまで豪語できるものは、ほとんどの人がないはずです。でも、「これに関しては学校（三〇〇～四〇〇人）、もしくはクラス（三〇～四〇人）で一番だな」と言えるものなら、いくつか思い浮かぶのではないでしょうか。「日本」とか「世界」を分母にしたら大変ですが、「クラス」を分母にしたら、意外に作れそうな気がしませんか。

たとえば僕であれば（一応、格闘技では「日本」で一番になれたのは別として）、英語のスピーキングは必死に勉強したので、「学校」で一番になれている自信があります。最近は、三線《さんしん》やバイクに夢中でしたが、これは習っている人が少ないので「クラス」の中で一番くらいにはなれているように思います。二年前から始めたピアノは「男塾のようなクラス」なら一番になれているかもしれません……。

こういうふうに、僕がこれまでにやってきたことを混ぜ合わせると、自分だけのオリジナリティが生まれるのです。

ドラゴンクエストでも、それほど強くないはずのスライムが合体して、やたら強いキングスライムになっていました。あれは実に示唆に富んでいると思います。

自分に何を内包させていくか。

人によっては、「中国語」かもしれないし、「卓球」かもしれません。大事なのは、一つに固執しすぎず、トータルで考えるようにすることです。

自分に内包した一つ一つが世界レベルでなかったとしても、トータルで見たときに圧倒的なオンリーワンになるようにすればいいのです。ビジネスでも、いろいろなものを手がけマルチインカムを意識することにより、一つの業種の景気が悪くなってもバランスを取る方法があるはずです。

ちなみにですが、こういうグランドデザインで生きていると、結果として英語力が磨かれます。

僕はよく外国人の友達に「格闘技」のことを聞かれます。「日本酒のことを教えて」ともよく言われますし、最近だと「モトジムカーナ」というバイクの大会を始めたのでバイクの話も増えました。

たとえばですが、

Basically, when it comes to Sake, there are four categories you should remember.（基本的にお酒を頼むときは、四つのカテゴリーがあるって覚えておくといいよ）

と言いながら日本酒の魅力を伝えたりするのは楽しいものです。

「人に教えられるものがある」というのは、コミュニケーションにおいては大きなアドバンテージになります。自分ではわかっているつもりでも、理解が弱いところだとうまく説明できません。だから、自分にとっても勉強になる。

人生と英語の主従関係を勘違いしないことが大切です。皆さんの人生に必要な英語を身につければいいのです。

「人に教えられるものがある」というのは、
コミュニケーションにおいては
大きなアドバンテージになる。

三ヶ月で喋れるようになるか？
短期集中 is the best.

石の上にも三年。

辞書を引いてみると、「辛いことでも辛抱して続ければ、いつかは成功する」と書いてありました。地道な努力は確かに辛い。しかし、続けていれば楽しくなる瞬間が訪れます。

いわゆる「ゾーン」に入ったときです。このときは時間の経過を忘れるほど没頭します。そういうとき、人間はぐんぐん成長する。

僕は今、英語やスキューバダイビング、バイクなどに夢中です。

そういったものに取り組んでいるときの自分自身を思い返してみると、決して「石の上」に座っている感覚ではありません。

「石の上にも三年」ということわざは実に日本的な感性に支えられたもので、とても深淵なものですが、毎回「三年」も「石」に座るのはちょっとツラくないですか……？

そもそも、「英語を話せるようになる自分」を想像したら、ワクワクするのではないでしょうか。そのゴールイメージに向けて自分の「今」を費やしていると思えば、英語の習得は楽しいはず。

「英語を勉強する」と言葉にしてしまうと、人間誰しも持っている「真面目スイッチ」が入ってしまって修行感が漂います。僕も英語を習得できなかった時期は、英語学習というものを真面目に考えすぎていたのかもしれません。楽しみきれていませんでした。

実際、英語を身につけるには努力が必要ですが、「英語を楽しむ」とか「英語が喋れる自分になる」と捉えてみてはいかがでしょうか。「Let's enjoy English!」な感じはとても大切です。

ですから、学習に関しては「石の上にも三年」の精神を捨てたほうがいいと思います。「英語が話せる」というゴールに向かって、短期集中で一気に走り抜けるのです。

僕が「今度こそ英語を習得する」と本気で決意したときのことを書こうと思います。

まず、「今まで何となくやってうまくいかなかったから、今回は三ヶ月で日常会話の英語を習得する」と決めました。

今までにない行動や概念は、どうしても冷たい視線にさらされますが、無視してください。必ず「そんなの無理だ」とか「どこに向かっているかわからない」と言う人が出てきますが、その言葉を受け取らないでください。誰かに従って生きるよりも、自分の信念に沿って試行錯誤するほうが絶対楽しいはずです。

「三ヶ月で英語を習得する」という目標は、「それは無理でしょ」と自分自身でも思うかもしれません。でも、僕がイメージする英語でのコミュニケーションであれば、それは可能だと思います（たとえば、翻訳家になりたいとか、難しい交渉を英語でできるようになりたいとか、そういうゴールであれば違うアプローチが必要かと思いますが）。

僕は、英会話学校「eLingo」を一緒に立ち上げたヘッドコーチのナズにも支えてもらって、「日本語脳」を「英語脳」に切り替えることを意識しました。

具体的には、「カフェでコーヒーを頼む」というシチュエーションを想像しながら、「どう言うか」をまずは自分で英作します。たとえばそれが、

Please give me a coffee.

という英語だったとしたら、それをナズにチェックしてもらって、ネイティブスピーカーが実際にどう言うかを教えてもらうのです。

最初から教えてもらうのではなく、まずは自分なりの英語レベルでいいので、自力で考えて英作してみてください。ネイティブの英文と違いがあれば、「どう違うのか」「なぜ違うのか」を考える。そうしたほうが、圧倒的に上達します。もちろん、「どう言うか」は千差万別なので、教えてもらった言い

回しで自分が気に入ったものを取り入れるとか、自分なりにアレンジしたものにするとかは自由です。自作した英語が結果として、

Can I have a coffee, please?

になったとします。本書では基本的に「書く」という行為を重視しませんが、この英文に関しては一度だけノートなりルーズリーフなりに書いてください。それをとにかく声に出して練習しまくるのです。

身振り手振りを交えて臨場感を高めると、なおよしです。

ここで大事なのは、ネイティブスピーカーに「正しい英語」を実際に声に出して読んでもらうことです。そしてそれを録音してください。スマホをお持ちの方であれば、それに向かって喋ってもらえばいいんです。

ネイティブの音源はとても貴重です。発音はもちろんですが、どこで息継ぎするか、どんなリズムで喋るか、どういう「間」の取り方をするか、そういうことも含めてとにかく真似《まね》してください。

「聞く→言う」を繰り返す。つまり、シャドーイングです。英語力はこれで

確実に向上します。

こういうことを書くと「それは大変そうだ」と思われるかもしれませんが、英語の勉強は、願わくは一日三時間。これを三ヶ月継続してください。

ここで一気に自分のリソースを英語に費やすのです。そうすれば、英語でコミュニケーションを取るための「基本」が出来上がります。基本の有無はその後の成長曲線を左右するので、とても大事です。そのあとは、実践でレベルアップです。自分に足りないところを補強したり、身につけた英語力が低下しないようにメンテナンスしたりしてください。

英語に関して何度も三日坊主になった僕は、あるパターンに気づきました。英語は使わなくなると一週間で劣化します。そして一ヶ月使わないと八割方消滅します。もちろん、勉強量が臨界点に達した人はそうではないかもしれませんが、特に英語ビギナーの方にはこの法則が当てはまると思います。

「英語を話せるようになる」というと、多くの人は外国人とディベートするレベルでの英語を思い浮かべるかもしれません。でも、皆さんの人生を豊かにするために必要な英語は、そんなに高度なものでしょうか。難しい言い回しや、使用頻度の低い単語まで覚える必要があるでしょうか。

ビジネスで英語を使う人であれば、そういった勉強も必要だと思いますし、いずれはそのレベルを求めることもいいと思います。でも、最初からそこを目指すと苦しくなってしまうかもしれません。

英語学習は商売と一緒です。

小さく始めて、大きくする。

初めから大きくしようとするから挫折するのです。

まずは自分が使うであろう基本の文法、単語、言い回しをメインに、というかそれだけやる覚悟で取り組んでください。関ヶ原の戦いで薩摩軍がとった「鏃《やじり》の陣」のように集中して切り抜ける方法です。ビジネスで言えば、シアトルから始めて少しずつ店舗を増やしていったスターバックスのようなドミナント戦略です。ドミナント戦略とは一定の地域に集中的に出店し、その地域で支配的な地位を得て展開していく手法です。

英語学習でそうすることに何のメリットがあるかというと、あれこれ本を買う必要がなく、覚えることも限られます。ですから、一日三時間の勉強を三ヶ月続ければある程度話せるようになるんです。

「英語をほとんど話せない」という人が第一段階で目標とする英語は、このやり方で十分身につきます。むしろ、このレベルの英語を完璧にしてこそ、次の段階が見えてくるのだと思います。

すぐに使える！　実践イングリッシュ

① カフェでコーヒーを頼む場合

前述した「**Can I have a coffee, please?**」というのは、カジュアルな言い回しです。知っているかもしれませんが、英語にもカジュアルな言い回しと丁寧な言い回しがあるのです。

丁寧な言い回しでオーダーしたい方は、「**Could I have a coffee, please?**」と言うようにしてください。「Could I have」は仮定法になるので、「Can I have」よりも丁寧。「もしよければ」というニュアンスの言い回しになります。僕は今、ちょっとフォーマルな英語でのやり取りを目指しているので、この「Could I have～」を多用しています。

より丁寧な言い回しを覚えたい方には「**May I have a coffee, please?**」がオススメです。「May I～」は「～してもいいですか?」と相手に対して許可を求めるニュアンスになるので、「Can」や「Could」より丁寧な言い回しになります。

カジュアルか丁寧かの違いはありますが、何か頼みごとをするときは、「Can I～」「Could I～」「May I～」のいずれかを使えば大丈夫です。

誰かに従って生きるよりも、
自分の信念に沿って試行錯誤するほうが絶対楽しい。

どうすれば、「一日三時間」の勉強時間を確保できるか。

「一日三時間英語の勉強をする。それを三ヶ月続ける」と前述しました。本来、「大変そう」と思われるようなことは書かないほうがいいのかもしれません。「誰でもできる、簡単にできる」と書いたほうが、本を手に取ってもらいやすいでしょう。

でも、「英語を話せない人」が英語を話せるようになるためには、やはりある程度の努力が必要です。

そしてその努力は、学習初期にこそ費やすべきだと思うのです。英語に限らず何事もそうだと思うのですが、あるレベルに到達すると成長の上昇曲線は急カーブを描くようになります。でも、最初はやっぱり大変。

ここを乗り越えなくてはいけません。

一日三時間。

現代のような資本主義社会では、ありとあらゆる商品があなたの時間とお金にターゲットを絞っています。そんな忙《せわ》しない日々の中で一日三時間を捻出するのは誰だって難しい。

隙間時間を活用する。

同じ目標を持っている人たちと一緒に朝活する。

「毎日この時間は英語を勉強する」とルーティン化する。

など、やり方はいろいろあると思いますが、いずれのやり方を選ぶにせよ大切になってくるキーワードがあります。

BIG WHY.

「大きい、なぜ？」

英語学習に関して言えば、「あなたはなぜ英語を勉強するのですか？」という根源的な問いに対する答えがBIG WHYです。

仮に「英語が喋れるようになったら一億円あげる」と言われたら、誰でも英語学習に本気を出すのではないでしょうか。これはあくまでもたとえですが、努力を続けるためには目標に対するモチベーションが大事、というのは真実だと思います。

たとえば、社会人が何かを学習しようと思ったら、隙間時間の活用は必須だと思います。でも、「隙間時間活用法」などと大げさに言わなくても、「やりたいことはどうしてもやりたい」のが人間という生き物です。

対象に対して情熱を持っていれば、言われなくても隙間時間は活用するのではないでしょうか。

誰よりもセーラーマーキュリーに詳しくなりたかった僕の少年時代。授業時間という名の隙間時間（!?）をフル活用し、水野亜美ちゃんの絵を描いたり、愛らしいビジュアルに思いを馳せたりしていました。毎週のテレビ放送では新品のビデオテープでの録画を忘れませんでした。

つまり、

目標に対するモチベーションが高いと、努力を努力と思わなくなる。

ということです。「やらなきゃいけない」から「やりたい」へ。「義務から娯楽へ」と言い換えてもいいかもしれません。これぞ、多忙な現代人が一日三時間を捻出するための一番効率的な手段なのだと思います。

僕も「やらなきゃいけない」というフレームワークで英語を勉強していた時期がありました。でも、それではいくら英会話学校に通っても喋れるようにはなりません。そして、そのうちに別の何かに夢中になってしまい、「学習初期の短期集中」に失敗してしまうのです。

そういう状態では英語を喋れるようにならないのも当たり前かもしれませ

ん。

ですから、思考やイメージを形成するフレームワークを変えることが大切になります。

自分のフレームワークの内側にある言動やイメージは、居心地がいいのです。この本を読んでくださっている皆さんには、「日本語で受け答えする自分」が当たり前でしょうし、そういう自分に居心地のよさを感じているはずです。でも、「英語が喋れる自分」というフレームワークに変えていかないと、いくら英語を勉強してもやがて居心地が悪くなり、元の自分に戻ってしまいます。これが三日坊主の原理です。


この本を読んでくださっている方の中で、「いつも英語学習で挫折してしまう」という方がいたら、「自分はなぜ英語を喋れるようになりたいのか」というBIG WHYを今一度考えてみてください。

英語を学び始めたとき、「英語を喋っている自分」を思い描いたはずです。

その自分をイメージすると楽しくないですか？　折に触れて、その自分を思い出してください。

そこで皆さんは英語で何を語っていますか？　誰と話していますか？　どんな表情で、どんな身振り手振りで、どんな洋服を着て英語を話していますか？

そのイメージが明確であればあるほど、モチベーションは高くなるはずです。

「隙間時間活用法」

などと大げさに言わなくても、

「やりたいことはどうしてもやりたい」

のが人間という生き物。

逆輸入ファイターが明かす留学のメリットとデメリット。

留学。

言葉から漂うポジティブオーラを感じますよね。僕も昔、留学していたのですが実感を持って言えますが、留学は楽しかったです。

人生がネクストステージに向けて動いている感じというか、自分の人生を主体的に生きている感じというか。それまでの人生で持っていなかった何かを獲得していく感じがありました。

自分自身と向き合う時間もかなり多いですし、未知にぶつかって右往左往する中で知らず知らずのうちに人間として一回り大きくなっていきます。

ですが、これも留学体験者としての実感なのですが、「留学すれば英語が話せるようになる」というのは幻想です。実際、全然英語を話せないで日本に帰ってきた留学生はたくさんいるはずです。相対的にそういう人のほうが多いかもしれません。何を隠そう、僕がそうでした。

なぜ、留学しても英語が話せるようにならないのか。理由は二つあります。一つ目は、英語が喋れなくても、日常生活に支障をきたすことがないからです。

たとえば、スーパーに買い物に行ったとします。日用品や食料などを持って、レジに行きました。レジにいる店員が聞いてくることは大体決まっています。

Paper or plastic?（紙袋にする？　ビニール袋にする？）

このように、買い物袋を選べることがあるのですが、初めはわからなくても、しばらく住んでいれば何を言っているかがわかるようになります。

ちなみに、僕が初めてこれを言われたときは、何を言っているのかさっぱりわからず、笑顔で「YES!」と答えていました（YESかNOの質問ではないのに）。

日本でも同様ですが、世の中には「この局面で、こういうことを言う（聞かれる）」という定型があるんです。

カフェでコーヒーを頼んだら、

For here or to go?（店で飲みますか？　それともテイクアウトですか？）

と聞かれるとか。

ちなみに、僕が初めてこれを言われたときは、笑顔で「YES!」と答えていました（YESかNOの質問ではないのに）。

友達とどこかに行くと、「こういうときはこうするんだよ」とか「ここでこう言われるから、こう答えるといいよ」とか教えてくれます。

そうすると、言葉自体は聞き取れていなかったとしても、「何を言えばいいか」「どう振る舞えばいいか」をどんどん学習していくことになります。

結果として、英語を喋れるようになったわけではなくとも、「英語でのやり取り」には慣れていく。買い物で困ることもなくなりますし、移動などで困ることもなくなっていきます。日常生活がパターン化していくにつれて、定型のやり取りだけでＯＫになっていくのです。

そして、留学しても英語が話せるようにならない二つ目の理由は、日本人と仲良くなるからです。

僕が留学していたのは、日本人の多いロサンゼルスということもあり、友達がほぼ日本人でした。慣れない環境で言葉もわからないので、日本人同士で集まるのは当たり前かもしれません。これは日本人に限った話ではなく、ほとんどの留学生が同じ国の人と固まります。

なぜそうなるかというと、英語ビギナーが留学しても外国人の会話の中に入れないからです。僕の場合はなんとなく口角を上げていつも微笑《ほほえ》んでいました。「僕は聞き上手なナイスガイだよ」とアピール。しかしこれがなかなかのストレスです。

結局、日本人の友達と遊ぶようになり、休みの日にはソーテルという町にある「ビデオジュン」というレンタルビデオ店でビデオを借りて観ていました。そのお店では、日本のテレビ番組を録画したビデオを貸し出していたのです。あのときの僕は日本のテレビ番組には誰よりも詳しかったです。アメリカにいたのに……。

本当に英語が喋れるようになっていたら、「想定外」のことを聞かれても答えられるはずです。カフェで「For here or to go?」以外のことを聞かれて臨機応変に対応できたら、その人は「英語が喋れる人」だと思います。

コミュニケーションが成立しなかったときに、その状況をいかにして打開するかの能力こそが、本来のコミュニケーション能力なのです。

でも、多くの留学生は、「想定外のこと」を聞かれると答えられないのではないでしょうか。僕が留学生だった頃にそれに答えられたかというと、答えは「NO」でした。

でも、英語でやり取りしていたという自負がある。だから帰国後、「英語できるんでしょ?」という質問をされると、「言ってることは大体聞き取れるんだけどね」などと答えるのです。

それは、実際は「局面ごとのやり取りのパターン」を覚えただけのことであって、「英語が喋れる」ようになったわけでも、「英語が聞き取れる」ようになったわけでもなかったのです。このごまかしは自分自身が一番わかっているはずなのですが、海外から帰ってきて「あまり話せないんだよね」とは言いづらかったです。

では、留学は無意味なのかというと、もちろん、そんなことはありません。

たとえば、僕は今、年に二回ほど遊びも兼ねて短期留学に行っています。

英語の勉強をある程度やって、あとは実践あるのみというレベルの人にとって、留学は実に有意義です。ありとあらゆる局面が、英語力向上のチャンスになります。

ほとんど英語を喋れない状態で留学するということは、ジャブの打ち方も覚えていないのにスパーリングをするようなものです。逆に、英語の基礎固めが済んでいる人は、どんどん異国でスパーリングを重ねるべきです。「こういうふうに言ってみよう」とか「こういう言い方もあるのか」とか、発見することがたくさんあるはずです。スパーリングの回数を重ねれば重ねるほど、英語力が向上していく状態。

物事の習得には「どの時期に何をやるべきか」という戦略が必要です。学習初期にはその時期に「やるべきこと」があり、レベルアップした時期にはその時期なりの「やるべきこと」があります。それはもちろん、英語だって同じです。

留学は計画的に。うん。

「コミュニケーションが成立しなかったときに、
その状況をいかにして打開するか」の能力こそが、
本来のコミュニケーション能力。

英会話学校に行っても英語が喋れない理由とは？

僕は英会話学校通いに関してはベテランです。

そんなベテランにはならなくてもいいのですが、格闘家を引退してから、自分で英会話学校「eLingo」を立ち上げるまでの間に、計五つの学校に通ったので英会話学校には精通しています。

五つの英会話学校に通った僕のメンタルと行動の流れは次のような感じ。

今年こそ英語やるぞ！
←
そのためには英会話学校だ！

↓
あれこれ考えるより先に行動（英会話学校に入学）！
↓
通い始めは「行きたい！」状態。モチベーションが高く、週四回くらい通う。
↓
「行きたい！」と思っていた英会話学校なのに、次第に「行かなきゃ……」
という義務感のほうが強くなる。
↓
行かなくなる。
↓
そしてまた英会話学校の広告などを見て思い出す。
↓
最初に戻る。

この繰り返しでした。相性の問題もあるのかと思って、学校を変えてみたりもしましたが、同じようなサイクルを繰り返して通わなくなってしまう……。

正直、へこみました。「世界で活躍するためには英語だ」と思って取り組んだのに……。

あるとき、日本酒に興味を持った僕は、利き酒師の資格を取得。意気揚々と酒場で日本酒を飲んでいたら、偶然居合わせた外国人に日本酒のことを聞かれ、「あー、英語で何て言うか勉強しとくべきだった！」と悔やむ羽目になったのです。

全ては因果応報。英会話学校に通わなくなった僕が悪い。

……本当にそうでしょうか？

モチベーションが高い状態で入学して、高い授業料も払いました。真面目に授業も受けました。もちろん、そのシステムで英語を習得できる人もたくさんいるでしょうが、僕は話せるようになれませんでした。

どちらが悪いとかそういう話ではなく、既存の英会話学校のシステムと僕の性格や個性が噛《か》み合っていないのだとしたら……。僕みたいな人が他にもいるとしたら……。

そこで、僕なりに分析してみました。なぜ僕は英会話学校に通いつつも、英語を習得できなかったのでしょうか。

理由① 英会話学校に通えば大丈夫、という甘えが自分の中にあった。

否めない。

自分に甘えがあるかないかを判断するには、前述のBIG WHYを思い出してください。「なぜあなたは英語を勉強するのですか」と聞かれたら、皆さんはどう答えますか。ちなみに、かつての僕はこの質問に「いやぁ、やっぱりこれからの時代に必要だなと思って」と答えたと思います。

我ながら……曖昧《あいまい》な答え……。

英語を習得する人には、切実な理由（英語を喋れないと会社で出世できないとか）か、明確な目標（フーターズ本店にいるブロンド美女と恋仲になって湖畔の別荘で暮らしを共にしたいとか）があります。

英語ができたらいいな→そうだ、英会話学校に通おう、では長続きしないのです。

理由② 生徒をレベル分けする英会話学校のシステムに合わなかった。

これは現代の病の一つなのかもしれませんが、何でも可視化しなくてはいけない風潮があります。英検やTOEICなどもそうですが、英会話学校でも「初級」とか「上級」とかレベルがわかるように可視化します。生徒にとっても、自分の位置がわかるので一見ありがたいのですが、レベル分けされると、なんか「お勉強感」が漂ってワクワク感がなくなってしまう……。

特に、筆記試験の点数でレベル分けされると、シュンとしてしまいます。僕にとっての英語は「話すため」のものです。英語で誰かとコミュニケーションを取る自分を想像してワクワクしていたのに、解答用紙に答えを書き込まなくてはいけないという矛盾。これは、僕にとって「楽しい」と思えるものではなかったのです。

と書きながらも、スピーキングができるようになった今は、一段階上を目指して英語学習に取り組んでいるので、TOEICの勉強も楽しいです。

理由③ 英会話学校は、先生が親切すぎる。

もちろんですが、英会話学校では英語を教えてくれます。でも、ビジネスという側面もあるので、生徒からの評判を気にしなくてはいけない。生徒を集めないことには、経営が成り立たないのですから、それは仕方ないことです。でも、その結果として、どうしても先生が生徒に親切になりすぎてしまうのです。

たとえば、言い方に迷ったとき。「えっと、なんだっけ……」と思わず日本語で言ってしまうことはありませんか？

「英語で話す」という局面において、これは言わないほうがいいはずです。

でも、そんなときに先生はどうするでしょう？

鬼軍曹のように、「No Japanese! Speak English!」と大きな声で叱るでしょうか？　そんなことはないはずです。「That's OK」と励ましてくれるのではないでしょうか。助け舟を出してくれるのです。

リアルなシチュエーションではこんなことはありえません。

会話での沈黙はもって五秒です。しかし、英会話学校でマンツーマンの授業を受ける場合、生徒が答えるのを先生がいくらでも待ってくれるので、実践とのギャップが生まれてしまいます。そして実践の場でうまく話せず、「やっぱりダメかも」と自信をなくしてしまうのです。

学校の先生の優しさに浸らないように気をつけましょう。短期間で英語を習得するには、なるべく英語漬けになることがポイントです。もちろん、厳しすぎる先生は考えものですが、「困ったら日本語」という雰囲気は、学習においては決してよいものとは言えないのではないでしょうか。

先生が「生徒とコミュニケーションを取るプロ」であるという点が、逆に英会話学校から「会話の臨場感」を奪ってしまっているように思うのです。

英会話学校における本当の親切とは、「生徒が最短で英語を喋れるようにすること」だと僕は考えています。

短期間で英語を習得するには、
なるべく英語漬けになることがポイント。

Chapter

2

学習篇

どうすれば三ヶ月で英語を習得できるか

最も効率的な英語学習法。「自己紹介イングリッシュ」。

僕は格闘家だったので、常に「実戦」を意識しているところがあります。特にプロの格闘家になって以降は、練習も試合を想定したものになるため、対戦相手によって「どういうトレーニングをするか」が変わっていきます（もちろん、いかなるときであれ変わらない基本練習はありますが）。

相手はハードパンチャー。でもスタミナがない。

相手の打撃には対処できそうだけど、寝技に持ち込まれたら厄介。

おそらくス◯ロイド使用のジャック・ハンマー系。

etc.

このように、一戦一戦状況は異なります。あるときは寝技で、またあるときは立ち技で。「対戦相手」という名の現実にどう対応するかという「戦略」の部分が勝敗を左右するのです。そういう世界で生きてきたからか、僕は「練習のための練習」をオススメできないのです。

戦略思考と実践主義。

物事の習得における、僕の基本的なスタンスはこれです。

英語に関しても同様。「英語で世界中の人とコミュニケーションが取れるようになる」というミッションに向けて、まず初めに僕が立てた戦略は、

・中学校レベルの文法を徹底的にやる。
・自分が話す確率が高いものだけを覚える。
・英文は書かずにとにかく発音する。

でした。

この三つを徹底的にやることが大事だと判断しました。文法や発音など、

基礎中の基礎とも言えるものなので、「そこから？」と思われるかもしれませんが、「英語をマスターする！」と決意したときの僕の英語レベルは、皆さんが思っている以上に低かったのです。

英語に関する自分の現在地と、「こうなりたい」という自分の理想との距離を測ったとき、「何はともあれ基礎が大事」と僕は思いました。いきなりペラペラと喋れればベストですが、「今までにできなかったこと」を習得するというのは、そんなに簡単なことではありません。地道な基礎を徹底することこそ、その後の成長を左右するはず。

漫画『スラムダンク』で、桜木花道は「左手は添えるだけ」の呟きとともにジャンプシュートを繰り返していました。あれです。

いつだって、基礎をおろそかにしてはいけません。

ただ、一つ問題が。「基礎練習」って多くの場合、ダイナミックさに欠けたりします。あまりワクワクしないと言いますか……。

そこで僕が取り組んだのは、「自己紹介イングリッシュ」でした。

この自己紹介イングリッシュこそ、本書の要。文法も単語も発音も全ていっぺんにトレーニングできる英語学習法なのです。

たとえば単語を覚えるという行為。覚えるべき単語が、あまりにも自分と関係ない場合、「これ覚えてどうするんだろう?」という疑問がうっすらとつきまといませんか? 「この単語、会話で使うことあるのかな?」とか。

そういう単語を覚えることにも意味はあると思います。もしあなたが受験生なら、試験で出るかもしれないのでひとまず覚えておくという選択肢もあるでしょう。中級から上級の英語レベルの方であれば、語彙《ごい》を増やしたいという願望も大きいはず。そういう方たちは使用頻度の高い低いにかかわらず、覚えている単語の数が多いほうがいいと思います。

でも、僕は「三ヶ月で日常会話レベルの英語を喋れるようになる」という目標を掲げていたので、特に学習初期には難しい単語までカバーしている時間がありませんでした。となれば、「それはやらない」ということになります。

そういう考えを突き詰めていくと、「実際に外国人と英語で喋るとなったら、僕は何を話すだろうかor何を聞かれるだろうか」という疑問に行き着きます。

答えは簡単。「自分がやってきたこと、自分がやろうとしていることを話すor聞かれるだろう」になるのです。

つまり、自己紹介。

「英語で自己紹介なんてレベル高そう！」と思うかもしれません。それは勘違いです。「自分のこと」という圧倒的な当事者性があるため、単語にしても文法にしても吸収力が違います。教科書の英語を学ぶより、面白いし覚えやすいのです。「他の言い方はないかな？」と積極性も出てきて、実に効率よく英語を学べます。

教科書の例文として出てくるような「ボブのよく行く郵便局は、二つ目のブロックを曲がった先にあります」みたいな文章は、使用頻度が低いので省きます（もちろん、レベルが上がっていけばこのくらい言えるようにならなければいけませんが）。

ちょっと想像してください。あなたは居酒屋にいます。隣に外国人が座りました。どうやら、観光で日本を訪れたようで、日本にもあなたにも興味津々の様子。

ぎこちないお辞儀をしながら話しかけてくるフォーリナー。お互いに挨拶を交わしたあと、こう聞かれるかもしれません。

What do you do?（あなたはどんな仕事をしているのですか？）

初めて会う誰かとコミュニケーションを取ろうと思ったら「何（仕事とか）をしているのか」は聞かれて当たり前。英語だろうと日本語だろうと、それは同じです。そこで僕は気づきました。

初対面の人との会話のほとんどは「自分のやっていること」を話すか、「相手のやっていること」を聞くかして、お互いの共通項を探していくやり取りになります。共通項が見つかれば、そこから会話は広がっていきます。ですから、まずは自分のことを英語で答えられるようにしておけばいいのです。

それが、自己紹介イングリッシュです。

ちなみに、僕の自己紹介イングリッシュのうちの一つは、こういう感じです。

Actually, I do a bit of everything. Back in the day, I used to be a professional fighter, but I retired and currently I'm the head coach of a University wrestling team and as a passion project I have a musical performance group called WORLD ORDER…

（実はいろいろやっていまして、昔はプロの格闘家だったのですが、引退して最近では学生レスリングの監督とかやっています。あと、ワールドオーダーというダンスパフォーマンスグループもやっています）

こういう英語を三六～三七ページのような手順で作って、あとはひたすら声に出して繰り返すのです。僕の感覚としては、三〇〇回ほど繰り返せば頭で考えなくても自然に言えるようになります。こういう音読学習をすることで、単語も文法も発音もトレーニングできるのです。しかも、内容が自分自身に関することだから、本気度が高い状態。

こういった「自分がどういう人間かを伝えるための英語」を何種類か用意しておくのです。たとえば僕は、最近スキューバダイビングのプロライセンスを取得しました。ですから、スキューバダイビングのことを英語で聞かれたときに答えられるような自己紹介イングリッシュを用意しています。

「自己紹介」とは、学校の教室でするような堅苦しいものではありません。本来とてもシンプルなものではないでしょうか。たとえば釣りが趣味の方であれば、釣りのことで何か質問された自分をイメージしてみてはいかがでしょう。「釣りが好きなんですね」なんて言われようものなら、「自分がいつ釣りにハマったか」「大物を釣ったときのエピソード」「釣りの醍醐味とは何か」などを語りませんか？

要は英語でそれをやればいいのです。それこそが、皆さん独自の自己紹介イングリッシュになるのです。

サーフィンが好きな方もいれば、鉄道が好きな方もいるでしょう。「自分だけのシークレットサーフスポット」とか、「鉄道の〇〇形を見ると興奮して動けなくなる」とか、そういう個別の話になればオリジナリティがあるし、聞く人を楽しませることもできます。

僕の場合は、毎回興味を持ったことを自分で英作し、「eLingo」のヘッドコーチであるナズにリライトしてもらいます。そしてそれをひたすら独り言のように繰り返す。これだけです。

英語の学習初期の頃、僕はこういった自己紹介イングリッシュをひたすら声に出して言っていました。移動中はもちろん、家でもカフェでも道でも。

目の前に相手がいるイメージで身振り手振りも交えて。

何度もこれをやった成果でしょうか。自己紹介イングリッシュの完成度がどんどん高くなっていきました。おかげで、自分のことに関してはどんなことを聞かれても英語で答えられるようになりました。

何回か繰り返す程度ではものになりません。そのくらいだと、実際に英語で外国人とコミュニケーションを取る際に慌ててしまい、言葉が出なくなります。僕も、「あ、えっと、なんだっけ……」となってしまうことがたくさんありました。今でもたまにあります。

ですから、何も考えずとも口から出てくるぐらいに繰り返し音読するのが大事です。文章を書いて覚える必要はありません、書くくらいだったら「あえて恥ずかしそうに」とか「自信満々な感じで」とか、表現のパターンを変えて発声してみてください。

要するに、臨場感を持てるかどうかがポイントになります。

話が少しそれますが、僕は格闘家だった頃、試合の一〇日前くらいから本番用のキックパンツをはいて、試合で使われるのと同じメーカーとサイズのグローブで練習を行っていました。これは、練習で試合の臨場感を感じて本番の緊張感を和らげるためです。

練習は本番のように、本番は練習のようにと言いますが、普段から本番を意識すると効果的です。ちなみに、このときは最後にガッツポーズをして勝利を喜ぶイメージを作り、練習を終えるようにしていました。

世界は、自分のイメージが作り出すのです。

実際に外国人と英語で喋るとなったら、
何を話すだろうか。
何を聞かれるだろうか。

相手の興味をひくにはどうすればいいか？

皆さんは、「What do you do?」と聞かれたら何と答えますか？

たとえば薬剤師の方であれば、「I'm a pharmacist」と答えるはずです。

ただ、薬剤師と言われて興味を示す方はそう多くはないのではないでしょうか。興味がなければ会話は終わるか、次のテーマに移ってしまいます。

なので、違う答え方をしてみるのです。

ポイントは「なんで？」とか「それ、どういう意味？」と思わせることです。ツッコミ待ちです。

たとえば薬剤師の方であれば、「I'm a pharmacist」ではなく、「I'm a drug dealer」（私はドラッグの売人です）と言ってみるのです。

すると、「What?」と必ずリアクションしてくるはずなので、「薬剤師だよー」と言って笑いにするのです。この笑いからお互いの距離が縮まり始めますし、相手ももっと興味を持ってくれるはずです。

他にも「Where are you from?」と聞かれたとき。こう聞かれると、大抵の人が「I'm from Japan」などと答えますが、事実だけ話しても会話を広げるのは難しいと思います。相手が日本に興味があるならいろいろ質問してくるでしょうが、そうでなければ会話はおしまいです。僕の場合は、「I'm from sushi country（スシの国の出身でござる）」と言います。そうすると「So, you mean Japan, right?（日本人なんだね？）」とたいていの人が笑顔で言ってくれます。

自己紹介イングリッシュは、年月とともに新しく追加される要素があるとはいえ、基本的にパターンは決まっています。だからこそ、より魅力的なものになるよう日々努力するわけですが、全く新しいものになるわけではありません。

ですから、答え方を変えることで相手に興味を持ってもらえるように工夫するといいと思います。その答えが相手にとって意外なものであれば会話は膨らんでいき、自分も相手も楽しむことができるはずです。

相互理解。それこそ、コミュニケーションの醍醐味ではないでしょうか。一人では知ることができなかった世界の扉が開かれる瞬間の興奮。それまで未知だった誰かの人生を垣間見る喜び。

日本語だけだと基本的に日本人とのやり取りが中心になります。でも、英語を話せるようになれば、コミュニケーションが取れる人の数も国も飛躍的に増えます。

皆さんはおそらく「英語を話すのは大変」と思っていると思います。でも、別に難しいテーマでディベートするわけではないので安心してください。この本が目指している英語はライトなコミュニケーション・イングリッシュです。「商談をまとめる」とか「政治的テーマでディスカッションする」とかではありません。まずは使用頻度が高いものを反復して覚え、日常会話の八割をものにすることが大切です。

こういう英語であれば、習得のハードルはかなり低くなります。自分のことを相手に伝えるための英語を何度も音読することで、無意識のうちに口から出てくるようにする。そして、自分のことを伝えたら今度は逆に相手に質問するための英語を覚える。質問はそれほどバリエーションが多くないので、一ヶ月くらいで覚えてしまいましょう。

このレベルであれば何年も勉強する必要はありません。僕が「三ヶ月で喋れるようになる」と目標を掲げたのは、こういうコミュニケーション・イングリッシュの習得をイメージしていたからです。

単純に考えて、会話している時間の半分は、相手が話している時間なのです。相手が話し始めたら、「Oh, yeah」とか「Really?」などと言って、聞けばいいのです。全部聞き取れなくても全く問題ありません。その人の表情や前後の単語である程度わかります。

英語を本格的に学ぶようになってから、英語を勉強している人と話す機会がたくさんありました。そこで思うのは、「英語での会話になると、みんな、あんまり質問はしない」ということでした。

これは、学校教育の影響があるのかもしれません。先生が授業する、生徒は聞く……。皆さんこういうスタイルを刷り込まれてしまっているのでしょうか。「相手のことを聞く」ための質問イングリッシュをほとんど使っていない印象を持ちました。

昨年から、時間ができるとスキューバダイビングも兼ねてセブ島に英語の語学留学に行っています。セブ島には英会話学校がたくさんあり、いくつかの学校に行きましたが、ほとんどの学校が一日六時間から八時間マンツーマンでみっちり英語をやります。ちなみに、お気に入りの学校は「QQEnglish」のシーフロント校です。目の前がビーチで気持ちのいい環境です。

自慢になってしまいますが、他の生徒に「どうやったらそんなに話せるんですか？」と何度か言われました。そしてある日、一人の生徒に真剣に「何かアドバイスをください」と言われました。正直、僕のレベルで教えられることはあるのだろうかと躊躇《ちゅうちょ》しましたが、「では、ちょっとロールプレイングをしてみよう。簡単な質問をするから答えてみて。いくよ、What do you do?」と言いました。

「ア、アイム　アン　オ、オフィスワーカー……」

彼は既に二ヶ月滞在しており、一日八時間もの長時間、勉強を続けていました。にもかかわらず、答えるのに詰まりました。急に質問したからかもしれません……が、会話は急に始まるものです。

僕は彼に言いました。

「まずは、自分の話す確率の高いものだけを英作してみて、明日先生にチェックしてもらうといいよ。その後、発音の綺麗な先生に原稿を渡して読んでもらって、それをスマホで録音するんだ。それを毎日一時間シャドーイングすると効果があると思うよ」

五日後。

彼は、「前よりすらすらと話せるようになってきました。ありがとうございます！」と言ってくれました。僕も嬉しかったですし、このメソッドに自信を持ちました。

あと、授業の際、先生に自分から挨拶していないことにも気がつきました。英会話学校の先生は、言うなれば「アマチュアに教えるプロ」です。

もちろん、そういう先生の授業を受けるのは悪いことではありません。でも、ゴールが「英語で会話できるようになること」だとすれば、プロが教える授業に満足していても仕方ありません。

そういう授業に慣れてしまうと、実際に生きた英語の中に身を投じたときに戸惑ってしまうのではないでしょうか。

先生に自分から挨拶しない生徒たちに共通しているのは、「相手に質問を投げかけていない」ということでした。

それでは会話が終わってしまいます。

会話のエンドユーザーにならないことを意識してください。

贈与とは反対給付です。人間はとにかく交換が好きな生き物です。何かを与えることが好きなのです。サッカーやバスケなど、人気スポーツは相手に物（＝ボール）を与えると点数がもらえます。マメな人がモテるのもそのためです。まずは何かメッセージを送る。

それはある意味、成功の秘訣なのかもしれません。

「何を得ることができるか」ではなく、「何を与えることができるか」。

このように考えて行動する人が、実は一番多くを手にすることができるのです。

先生を「英語を教えてくれる人」と捉えて受け身の姿勢でいるのではなく、「先生と一緒に楽しもう」という考えを持ってみてはどうでしょうか。

楽しむための第一歩として、まずは自分から先生に話しかけてみましょう。挨拶されたら、先生だって嬉しいはずです。

そうは言っても、会話の最中で「何を言えばいいかな？」という瞬間もあると思います。そういうときは慌てずにこう言えばいいのです。

How about you?（あなたはどう？）

人間同士ですから、何か聞かれたら答えるのは当たり前。「How about you?」と投げかけて返ってきた答えで、改めて会話をすればOKです。キャッチボールの極意は、球を持ち続けないこと。

とにかく、相手に「質問」という名の球を投げ続けましょう。

すぐに使える！　実践イングリッシュ

② 相手に話しかけて会話をスタートさせる場合

英語ビギナーの方は、ちょっとしたことがわからなくて自分の実力を発揮できないことが多いように思います。たとえば、「誰かに話しかける」というシチュエーション。これは「誰かに質問する」のと同じくらい苦手な方が多いのではないでしょうか。日本語では

「ちょっといい?」などがありますが、英語にも便利な言い回しがあります。

相手と親しい場合は「**Hey, Alex!**（**First name**）」と呼びかけ、「**Do you have a minute?**」か「**Got a sec?**」と言えばいいと思います。

フォーマルな場であれば、「**Excuse me, Mr.**（**Ms.**）**Lawrence**」などと話しかけ、「**May I disturb you for a moment?**」と言って会話を切り出せば、相手も応じてくれるはずです。質問したければ、この後に「**Can I ask a question?**（質問してもいいかな?）」や「**May I ask a question?**（質問してもいいですか?）」と言えば大丈夫です。他にも、「**Do you know ~?**（~って知ってる?）」「**Who is that guy?**（あの人だれ?）」「**Actually, I got to go**（実はそろそろ行かないといけないんだ）」など、いろいろと言いたいことを伝えることができます。ぜひトライしてみてください。

会話のエンドユーザーにならないことを意識する。

会話は総合格闘技。だからこそ文法が何より大事。

日本語で会話するときに、あなたは文法を意識していますか？

おそらくしていないはずです。

だから、英語を喋る際にも文法を意識する必要はない……と考えがちなのですが、それはどうでしょうか。

時折耳にする魅惑の「文法不要論」。実は僕もそっち派でした。

でも、英語が多少喋れるようになった今になって、英語に本気で取り組み始めた頃の自分を振り返ると、「あの時期に文法をきっちりやったからこそ、英語が喋れるようになったな」という実感が強くあります。

それくらい、文法大事。言うなれば、呼吸みたいなもので、これがないと喋れないというくらい大事です。

僕がまず取り組んだのは、中学までの英文法を使いこなすことでした。中学までの文法なら皆さん知っていると思いますが、知っているのと使えるのとは違います。

皆さんも英語で何か簡単なことを言おうと思ったのに出てこなかったという経験がおありではないですか？　それは実際にその英語を使っていなかったからです。「何となく英語を話せる」という人は、文法構造に対する理解を深めておかないと必ず行き詰まります。

格闘技でも我流はあくまで我流レベルでしかありません。レスリングならブリッジ、柔術ならエビ。どんなトップ選手でも必ず基本から練習を始めます。

文法は単語に比べると覚えることも少ないので初めに覚えたほうが得策です。中学文法ができれば日常会話の九割以上は網羅できます。そんなに難しく話す必要はないですし、多くのネイティブスピーカーたちもシンプルな文法や単語しか使いません。
特に英語初心者の場合、文法というフレームがないと、全体のフォームが崩れます。会話というのは、ルールがあるようでないフリーダムな世界。想定外の質問や、急な話題転換が当たり前に存在する様は、まるで総合格闘技です。だから、文法という強固なフレームがないとついていけなくなります。
文法をやらない人で陥りがちなのが、いつまでたっても文章で喋れるようになれず、単語を連発して話す人になってしまうこと。
僕はこれを「This one 症候群」と命名しています。
たとえばレストラン。メニューを見ながら、
This one, please.（これください）
たとえばカフェ。ショーケースの前を行ったり来たりしながら、
This one, please.（これください）
「This one 症候群」の人たちは、「and that one」も大好き。そして、「Anything else?」と聞かれたときに「That's OK」と言えるとある種の感動を覚えます。

「英語で話せた！」と。

と、偉そうに書いていますが、僕にだってそういう時期が長いことありました。誰だってきっとそう。自分が「This one症候群」だからといって、恥じることはありません。大切なのは、「This one」の向こう側に行きたいという向上心です。

Can I have this one, and that one, please?（これとそれをもらえますか？）

と、文章できちんと意思を伝えられるようになってこそ、英語を勉強した甲斐《かい》があるというものです。

日本語だと主語が曖昧なままでも会話が成立してしまいますが、英語の場合は必ず主語を明確にします。そういうことをわかっていても、「This one」とつい言ってしまいがちですが、文法の勉強をきちんとしておくと、逆に文章で喋りたいという欲求が生まれるはずです。そちらのほうが「きちんとした英語を喋れる人」という印象を与えることができるから。

「ワタシ、スキデス、オレンジ」

仮に、外国人からこう言われたら、皆さんはどう思われますか。多くの方は「ふむ。オレンジが好きなんだな」と理解できるでしょう。でも、それはあくまでもカタコトの日本語です。では、

「ワタシハ、オレンジガ、スキデス」

と言われたらどうですか？　いきなり告白されたオレンジへの誠実な愛に多少面食らうかもしれませんが、「この人は日本語が上手だな」と思うのではないでしょうか。

僕が言う「文法は大事」はこういうことです。

正確じゃなくても伝わることはあります。カフェで「This one, please」と言えば、欲しいものは買えるでしょう。でも、そこはゴールではありません。せっかく英語をやるからには美しきゴールを目指しましょう。

ちなみに、「私はオレンジが好きです」を英語で言えますか？

(1) **I like oranges.**
(2) **I like an orange.**

多くの方はこのどちらかの英語を思い浮かべると思いますが、正しいのは(1)のほうです。複数形にすることで「オレンジ」という総体を指すのです。(2)の場合は、「一つのオレンジ」というニュアンスでネイティブには変に聞こえます。好きな食べ物として「オレンジが好きなんです」と伝えたい場合は、(1)で言うのが正解です。

こういうのは地味な勉強で覚えるのが大変かもしれませんが、最初にきっちりやっておくと、後々本当に助けられます。

自己紹介イングリッシュを常時呟いていた頃の僕は、自分が喋っている英語の文章を論理的に捉えられるようになりたくて、あれこれと文法の本を手に取りました。

その中でも『一億人の英文法』（大西泰斗、ポール・マクベイ著）という本がオススメです。この本は「英語を喋るために必要な文法」が網羅されていて、本当に勉強になりました。言うなれば、実践に生かせる文法。日本語と英語のストラクチャーの違いをわかりやすく理解することができて、読み物としても面白いです。

文法の本ではありませんが、英語ビギナーの方にわかりやすく実践的なのは『中学レベルの英単語でネイティブとペラペラ話せる本』（ニック・ウィリアムソン著）です。この本は、時制の大切さに気づかせてくれます。

現在形、未来形、過去形、現在進行形……。日本語だと時制よりも語彙が重視されがちですが、英語では時制をないがしろにすることができません。

たとえば「（今日）飲みに行きますか？」と聞きたい場合、次の三つの英語の中でどれが正しいかわかりますか？

(1) **Did you go drinking?**
(2) **Do you go drinking?**
(3) **Are you going to go drinking?**

さすがに(1)を選ぶ人はいないと思いますが、(2)と(3)で迷ってしまうのではないでしょうか？

答えは(3)です。(1)はもちろん過去形。「飲みに行った？」と過去のことを聞いているのに対して、(2)は現在形。「普段飲みに行く？」というニュアンス。つまり、「君って飲みに行ったりするの？」って聞いている感じです。

こういった、「ニュアンス」の領域にまで学習の手が伸びるようになると、皆さんの英語は実践向きにどんどんブラッシュアップされていきます。

すぐに使える！　実践イングリッシュ

③ レストランで食事する場合

海外旅行に行ったら、現地のレストランに行くこともあるのではないでしょうか。ついつい、「This one, please」と言ってしまいがちですよね。僕も昔はメニューを見ながら「This one, please」と言っていましたが、ちゃんと勉強して今はそこから卒業できました。

まず、お店に入ったときに人数を告げます。たとえば三人なら「**Table for three, please**」。この英文は「three」のところを変えればいくらでも使い回しができるし、「Table for…」を覚えるだけなので便利です。

席に案内されてメニューがテーブルの上になかったら、「**May I see the menu, please?**」と言えば大丈夫です。この文章も応用ができます。たとえばワインリストが欲しい場合は「**May I see the wine list, please?**」となります。

食べるものが決まったら、スタッフに「**I'm ready to order**（注文が決まりました）」と言いましょう。そして前述した「Can I have～」で頼んでいけばいいのです。全ての注文が済んだら、「**That's all for now**（とりあえず以上です）」と言えばＯＫです。

ぜひ海外旅行に行った際には試してみてください。

文法は、
これがないと喋れないというくらい大事。

音読で英語を体に馴染ませたら、英語カフェなどで実践練習する。

声に出して、同じ英語を何度も何度も繰り返す。

僕が英語を喋れるようになった方法を一言で説明しろと言われたら、そう答えます。特に初めの頃はそればかりやっていました。

How are you?（元気ですか？）

これくらいだったらさすがに知っているし言える、と皆さん思うかもしれません。でも、実際に外国人と英語でコミュニケーションを取るときに、この程度の英語でさえ出てこなかったという経験はありませんか？

たとえば、旅行先で使うかもしれないと思って、出発前に「駅までの道の聞き方」を覚えていったはずなのに、実際に外国人に聞こうとしたら口ごもってしまったという失敗談は珍しいものではないように思います。

それは皆さんの能力の問題ではありません。美しいブルーの瞳に見つめられて恋に落ちたからでもありません。

単純に、反復していないからです。皆さんは、今までの生活の中で「How are you?」と何回言ったことがありますか？ 三〇〇回も言っていないのではないでしょうか？ それでは、いざというときに言うことはできません。

たとえば、社会人一年生。初々しい彼らは、外部からの電話での応対にドギマギするはずです。

「少々お待ちください」

この日本語を聞いたことがない人はいないでしょうし、意味がわからない人もいないと思います。でも、実際に新入社員が入社してすぐの頃に電話を取って、これをスムーズに言えるかというと、なかなか難しいのではないでしょうか。

ところが、一〜二ヶ月もすると、みんなそれなりに言えるようになる。それは、電話を何度も取ることで社会人としての言葉に「慣れる」からです。意識せずとも言えるようになるまで「少々お待ちください」と言う回数を増やしたからです（ちなみに、僕は今でも「少々お待ちください」に言い慣れていないので、言おうとするとモゴモゴしてしまいます……）。

英語もこれと同じです。

言い回しはいろいろとありますが、自分はこう話すと決めて、それを何度も繰り返せば話せるようになります。たとえば、会計するとき、僕は「**May I have the check, please?**」としか言いません。こんなシンプルな言い回しでも何度も口にしないと出てこないんです。しかも、他の選択肢を捨てているので迷わずに言えます。これに慣れてくれれば他の言い回しやカスタマイズがしやすくなります。

僕はウォーキングが好きです。歩いていると考えがまとまることが多いですし、体を動かすこともできて健康的なので一石二鳥。

そして、ウォーキングのリズムと反復のリズムは相性がいいのです。だったら、これを生かさない手はありません。

「よし、今日は家まで歩いて帰ろう」というあなた。騙されたと思って、「How are you?」を反復してみてください。実際に誰かに言っているシチュエーションを思い浮かべて、歩きながら「Hey, how are you?」「Hey, how are you?」「Hey, how are you?」。

これを数日やれば、あなたは「How are you?」に慣れます。そうなってくると、「How are you doing?」「How are you doing today?」などと少しずつ文章を長くすることもできます。慣れれば実際のコミュニケーションの場で言えるようになります。僕が保証します。

マスクをすると怪しさが軽減されるのでオススメです。僕もウォーキングで音読学習をするときはマスクをします。

「How are you?」くらいの短いものではなく、ある程度のボリュームを伴う自己紹介イングリッシュの場合はどうでしょう。

これも基本的に音読で大丈夫です。実際の会話をイメージしながらロールプレイングすればさらにグッド。

歩きながら、身振り手振りを交えて英語を喋り続ける謎の人物。そんな人がいたら、この本を購入してくれた仲間です。温かく見守りましょう。

さて、ある程度の自己紹介イングリッシュが作れて、自然に言えるようになったらいよいよ本番です。

オススメなのが英語カフェです。ここで、自己紹介イングリッシュに磨きをかけるのです。

英語カフェとは、お茶しながら英語を喋れるカフェ。ネイティブスピーカーもいますし、英語を勉強している日本人もいます。大抵の場合、仕事や趣味に関することを英語で話します。

来ているお客さんの英語レベルは様々ですが、みんな目的は一緒なので徐々に慣れていきます。日本人同士で友達になり情報交換できたり、一緒にゴハンを食べに行ったりして、共に向上していくことができます。

英語カフェに初めて行ったあと、あなたは「英語喋ったなあ！」と満足感に浸ることができるかもしれません。でも、そこで終わりにせずに、ここで一気に自分の時間とエネルギーを英語に集中させるのがベストです。

テンションが高い状態のときに一気に自分のリソースを集中投下するのです。「楽しい」と感じているときの人間は恐ろしいほどの集中力を発揮するので、一番学習効率がいい。だらだらと長くやり続けるよりもよっぽど省エネなのではないでしょうか。

極端な話、一回英語カフェに行ったら、それからは時間があれば必ず行くくらいの勢いが必要です。幸いなことに、カフェなので営業時間内であればいつ行っても大丈夫。自分のスケジュールに合わせてやりくりできます。

英語カフェに行って、そこにいる人たち相手に自己紹介イングリッシュを繰り返す。うまく言えなかったところも少しずつ言えるようになっていきますし、「こう聞かれたらこう返そう」というトライ&エラーもしたい放題。一ヶ月も通い続ければ、皆さんは自分の自己紹介イングリッシュに関してはプロの領域に到達しているはずです。

僕は、飯田橋にある「リーフカップカフェ」というところに行っていましたが、今でもそこで知り合った仲間や先生たちと飲みに行ったりしています（もちろん、英語で会話です）。

加えてオススメなのが、週末などに開催している「英会話飲み会」。英会話カフェだと、いつもの椅子に座って話すパターンが多いので、変化をつけることがオススメです。インターネットで調べればいくらでも出てくるので、ぜひ行ってみてください。

行ったら、全員知らない人。ちょっと怯《ひる》むかもしれませんが、この世の全ては捉え方次第。「こんなにたくさんの人を相手に自己紹介イングリッシュを試せる」と考えてください。

そこに三〇人いたとしたら、片っ端から英語で話しかけるのです。相手が日本人だと英語で話すことに抵抗を感じますが、そのメンタルブロックを外してトライしてください。

これをやれば、いやが上にも「自己紹介イングリッシュ」の精度は高くなります。そして「ファーストミーティング」もうまくなります。ファーストミーティングとは、最初に会ったときにどうするか、何を話すか、です。

多くの英会話学校の弱点は、こういうファーストミーティングの練習を繰り返して教えていないところです。先生とも生徒とも顔見知りになってしまうので、「Hey, nice to meet you!」と毎回言うわけにもいきません。実践練習の回数を増やせないのです。しかし、マンツーマンの英会話学校に通っている方はぜひ、先生にリクエストして毎回やってもらってください。「何となくできる」から「完璧にできる」にすることにより、本番で使えるようになるのです。

「初めて会う人の回数を増やす」ことが自己紹介イングリッシュの完成度を高めるコツです。

初対面の挨拶なんて誰でも言える、と思われるかもしれません。実際、「初

郵 便 は が き

料金受取人払郵便

代々木局承認

1536

差出有効期間
平成30年11月
9日まで

1 5 1 8 7 9 0

203

東京都渋谷区千駄ヶ谷 4 - 9 - 7

(株) 幻 冬 舎

書籍編集部宛

1518790203

ご住所 〒
都・道
府・県

フリガナ
お名前

メール

インターネットでも回答を受け付けております
http://www.gentosha.co.jp/e/

裏面のご感想を広告等、書籍の PR に使わせていただく場合がございます。

幻冬舎より、著者に関する新しいお知らせ・小社および関連会社、広告主からのご案内を送付することがあります。不要の場合は右の欄にレ印をご記入ください。

不要 □

本書をお買い上げいただき、誠にありがとうございました。
質問にお答えいただけたら幸いです。

◎ご購入いただいた本のタイトルをご記入ください。

『　　　　　　　　　　　　　　　　　　　　　　　　　　　』

★著者へのメッセージ、または本書のご感想をお書きください。

●本書をお求めになった動機は？

①著者が好きだから　②タイトルにひかれて　③テーマにひかれて
④カバーにひかれて　⑤帯のコピーにひかれて　⑥新聞で見て
⑦インターネットで知って　⑧売れてるから／話題だから
⑨役に立ちそうだから

生年月日	西暦　　年　　月　　日（　　歳）男・女			
ご職業	①学生	②教員・研究職	③公務員	④農林漁業
	⑤専門・技術職	⑥自由業	⑦自営業	⑧会社役員
	⑨会社員	⑩専業主夫・主婦	⑪パート・アルバイト	
	⑫無職	⑬その他（　　　　　　）		

ご記入いただきました個人情報については、許可なく他の目的で使用することはありません。ご協力ありがとうございました。

めましてって英語でなんて言う？」と聞かれたら、多くの人は正しく答えられるでしょう。でも、実践で使えているでしょうか？　知識は血肉化されていないと使えないのです。

多くの方は、ファーストミーティングの際に「どのタイミングで自分の名前を言うか」「どこで握手をするか」を明確に把握していないかもしれません。それは実践回数が少なすぎるからです。

とにかく反復してください。そうすれば、皆さんも素敵なファーストインプレッションを与えることができます。関係ないかもしれませんが、ナズの父親が宝石商でして、ショップの名前が「ファーストインプレッション」です（笑）。

④ 駅はどこかを聞く場合

多くの方は「**Where is the station?**（駅はどこですか？）」を思い浮かべると思いますが、これはカジュアルな言い方です。

丁寧な言い方だと「**Could you please tell me where the station is?**（駅がどこかを教えていただけますか？）」になります。

道を教えてもらうのですからなるべく丁寧なほうがいいなと思い、僕はこちらのほうを使うように心がけています。

もう一つ、これはカジュアルと丁寧の両方のニュアンスを含むので便利なのですが、「**Do you know where the station is?**（駅がどこか知っていますか？）」。

旅先では道に迷うこともあると思うので、こういった英語を覚えて積極的に聞いてみてください。

「楽しい」と感じているときの人間は
恐ろしいほどの集中力を発揮するので、
一番学習効率がいい。

書くべきか書かざるべきか。僕の単語習得法。

先日、とあるカフェに入ったときのこと。コーヒーの匂いに鼻腔をくすぐられ、実に気持ちのいい時間&空間。

その心地よさに誘われ、読みかけの本をバッグから取り出した僕の視線の先に、一人の学生の姿が飛び込んできました。熱心な眼差しで勉強しています。「もしかしたら、好きな女の子と同じ大学に行きたい的な？」と妄想に浸りつつ眺めていたら、彼はノートに英単語を書き連ねていました。

もちろん、書いて覚えるというスタイルの学習が有効な場合はたくさんあるでしょうし、そもそも日本人は書くのが好きなのだと思います。明文化することで文明や文化は継承され、そして発展してきたという事実があるからでしょうか。「書いて覚える」というマインドセットは、なかなか変えられないものがあります。

でも、本書では、書くことを重視しません。というか、書きません。

なぜなら、この本が目指しているのは「正しいスペルで正しい英語の文章を書くこと」ではなく、「目の前の外国人と英語でコミュニケーションを取ること」だからです。

つまり、会話です。

自分のことを英語で伝えたり、気の利いたジョークで笑い合ったり、日本の素晴らしさを伝えたり、相手の国のことを教えてもらったり。そういったやり取りを通じて、人間としての総合力を底上げしたい。英語を勉強する目的はそこにあるのではないでしょうか。日本語を使えるだけの状態よりも、英語を身につけたほうがたくさんの人と交流ができるから、英語を学ぶのです。

逆に言うと、英語を神聖視することはありません。言いすぎかもしれませんが、所詮はコミュニケーションの道具にすぎないのです。

僕たちは、「人生」という限られた時間の中で各々の幸せを目指す生き物です。前述したように、「英語を学ぶこと」に自分のリソースを費やしすぎるのは問題です。若い頃の貴重な時間の多くを受験の勉強に費やし、「出汁《だし》をとった後の鰹節」みたいな人にならないようにしなければいけません。


話を元に戻します。

「書いたほうが記憶が定着する」と人は言います。そこまで言うのであればと思って、僕もノートにまずは英単語を書いてみました。

apple、apple、apple、apple、apple、apple、apple、app……?

ゲシュタルト崩壊。

「単語を書く」という行為は、「勉強している感」はありますが、「ゴールに向かって進んでいる感」がないように感じました。

この本で紹介するのは会話に特化した英語学習法なので、書くことよりも回転数を上げることを提唱します。

回転数を上げて、単語たちと顔見知りになるべし。

つまり、こういうことです。

英単語を覚えるのはあまり面白くありません。それでも英語を学習してレベルが上がっていくと、語彙を増やしたくなります。増やす必要も生じます。そこで、僕は試しに一冊の英単語帳を買ってみました。

全ての単語を書いて覚える時間はありません。そこで僕は毎日単語帳をパラパラと見て発声し、一つ一つの単語と顔見知りになることから始めたのです。初見の単語を一回で覚えることは無理です。でも、毎日見ていれば、「全く知らない」から「見たことある」に変わり、やがて「この単語、知ってるし、使える」になっていきます。

一〇〇人の顔を覚えなさいと言われても、一回見ただけでは無理です。でも、毎日挨拶していれば、やがて顔と名前が一致するのと同じ原理です。単語と毎日挨拶する感覚。接触頻度を増やすことで、未知の単語と顔見知りになる。逆に、未知の単語も僕のことを覚える。ささやかな挨拶が、相互理解への第一歩。毎日挨拶は大事なのです。

ちなみに僕は、素っ裸になると英単語を覚えられることを発見しました。素っ裸になった自分。特に自分の股間の辺りから英単語が入ってくるのを感じるんです……というのは冗談ですが、半分本気です。

実は、お風呂に入りながらだと単調な単語学習が苦もなくできることに気がついたのです。さすがに僕も銭湯の湯ぶねの中にまでは単語帳を持ち込みませんが、洗い場に座りながら単語を覚えています。そのせいで一週間のうち四日は銭湯に行きます。

単語帳は自分に合うものならどれでも大丈夫です。既に単語帳をお持ちの方は新しいものを買う必要はありません。移動時間や、ちょっとした空き時間に一語二〇秒くらいで次に進む。ポイントは、ある単語を見て日本語の意味がすぐに言えなければ、日本語の意味を確認する程度ですぐに次の単語に進むことです。『はじめの一歩』の幕之内一歩のデンプシーロールのように回転数をとにかく上げていくのです。

全ての単語に目を通したら、また最初のページからそれを繰り返す。それを続けると、ある程度の期間で多くの単語を覚えることができるはずです。

発音記号を覚えるのは面倒くさい。でも、長い目で見ると一番効率的。

発音なんか気にしなくていい。

英語に対する心理的ハードルを下げるためか、時々、こういう物言いを耳にすることがあります。

本当にそうでしょうか。


発音大事。

まるで四字熟語のように書いてしまいましたが、発音は大切だと思っています。

発音が悪いと、正しい単語や文法で話しても伝わらないことがあるのです。

これは言語を問わず共通している真実。

海外旅行に行ったとき、頑張って英語で話しかけてみたけど伝わらなかったという経験をお持ちの方は案外多いのではないでしょうか。伝わらないと自信をなくし、声が小さくなります。発音云々より声が小さくて聞き取れないという悪循環に陥るパターン。

ちなみに、発音が悪くても声が大きい人はブロークンイングリッシュでも意思疎通がなぜかできる傾向があります。

でも、せっかく英語を学ぶからには、正しい発音も身につけたほうがいいはずです。

実は僕は、英語の歌詞を歌うときに必要だったので、本格的に英語の勉強をする前に発音だけは勉強していました。おかげでとても助かりました。当時、「発音がいいと、なんか英語喋れる人っぽく見える。目指せデーモン閣下」と考えた僕は、やたら真剣に発音の練習をしました。文法も単語もよくわかっていないのに、発音だけそこそこよくなりました。

しかし、この頃の僕の英語は言うなればハッタリ・イングリッシュ。「発音いいな。英語喋れるんだな」と思われた途端に破綻しました。なぜなら、英語のネイティブスピーカーが僕を「英語喋れる人」と思い、遠慮せずに流《りゅう》暢《ちょう》な英語で畳みかけるように話してくるのです。僕はそれが聞き取れません。ハッタリだけで通じるほど、コミュニケーションは甘くなかったのです……。

その後、心を入れ替えて真面目に英語を勉強し始めたとき、改めて発音も学びなおしました。基本的には自己紹介イングリッシュを正しい発音で発声するというやり方なのですが、「なんとなくこういう感じ」という領域から脱却するために取り組んだのが、発音記号を覚えることでした。

僕は面倒くさがり屋なので、「発音記号を覚えるなんて……」と思いましたが、長い目で見ると効率的でした。こういう「地味な基礎」の部分をおろそかにすると、結局無駄な時間を費やす羽目になってしまうので、しっかり覚えてください。

発音記号を見ただけで舌の動きがイメージできるようになると、後々だいぶ楽です。

発音を改めて勉強しようと思ったときに出合った本で、助けてくれたのが『英語耳』（松澤喜好著）です。この本にも書かれているのですが、「発音できない音は聞き取れない」というのは本当にその通りだと思います。この本で英語の発音を理屈で理解できるようになって、飛躍的に発音がよくなりました。

日本人が発音できない音の代表として「R」と「L」の違いがありますが、個人的に外国人と英語でやり取りするときに意識しているのは、「あいうえお」の母音を極力抑えめに発声し、子音を強調することです。

英語は子音の言語です。

逆に、日本語は母音の言語。

要するに、全く別の発声方法なのです。ある研究によると、英語は九割が子音で会話されていて、日本語は八割が母音での発音だそうです。

ですから、日本語の感覚で話しても伝わりにくいのは当たり前なのかもしれません。


あと、少し低い声で話すことも大事だと思います。学習初期の人は、「英語を喋っている」という状況に舞い上がってしまって、ついつい高い声で喋ってしまいがち。でも、一回冷静になって一オクターブ低い声で話すと、だいぶ聞き取りやすくなりますし、ネイティブっぽい話し方になります。

世の中には「聞くだけで英語力アップ」と謳《うた》っている学習法もありますが、本当でしょうか？　「聞く力」と「話す力」は連動しているので、どちらか一方だけが向上することはないように思います。

僕は、スピーキングがある程度できるようになってから、TOEICの勉強のために七つくらいの学校に通いました。その一つに花田塾があります。カリスマコーチの花田徹也先生から教わったコツは唇を立ててあごを下げないことです。ドナルド・トランプさんの話し方が典型的な英語話者の口だそうです。

花田先生は発音がずば抜けてかっこいいのですが、先生も「自分がその発音ができないと、リスニングでその音を聞き取ることはできない」とおっしゃっていました。

確かにそうです。格闘技でも自分の使えない技は、他の技に比べてディフェンスが甘くなります。

正確な発音で英語を喋れるようになって、ディフェンス力（リスニング力）を上げましょう！

「地味な基礎」の部分をおろそかにすると、
結局無駄な時間を費やす羽目になってしまう。

先生は手の平にいる。スマホティーチャーに学べ。

自分が英語の勉強をしている姿を思い描いてみてください。

さて、どうでしょうか？

多くの方は、机があって、椅子があって、そこに座ってノートに何かを書いている自分を思い描いたのではないでしょうか。

次ページにあるのは、僕が同じ質問をされたときに思い描いたビジュアルをイラストにしたものです。

……ドライブ？　と勘ぐったアナタ。違います。これが、僕の英語勉強のスタイルです。

このイラストは、車の中でスマホのアプリを起動し、英会話の勉強をしているときのものです。

文明の利器、万歳。スマホの登場によって、英会話の学習スタイルにも変化がもたらされました。

ダメな勉強法の代表格みたいに言われることが多い「ながら勉強法」ですが、決してそんなことはありません。脳の処理に負荷がかかりすぎる「ながら」はNGですが、二毛作的な意味合いでの「ながら」であれば、時間の有効活用になります。

たとえば、「小説を読みながら、英語の勉強をする」というのは物理的に無理ですが、「車で移動しながら英語のフレーズを復唱する」ことは誰でもできます。

二毛作的な時間の使い方を意識すると、「一日二四時間」を三〇時間くらいの密度にまで高めることができます。

やらなければいけないことややりたいことがたくさんあるならば、そして興味を持ったことを効率よく自分に取り入れたいならば、この「二毛作的な時間の使い方」を覚えていただくといいかもしれません。

たとえば、僕は書道にはそこそこ自信があるのですが、ペン字が下手でどうにかしたいと思っていました。そこで、趣味の読書と二毛作しました。自分の琴線に触れた言葉や新しい知識をノートに書く。ただ書くのではなく、全体のバランスや力の入れ具合を意識しながらペン字の訓練をしました。そうすると、字もうまくなるし読んだこともより深く理解できるしで、一石二鳥です。

こういう考えを英語学習にも応用しています。

・車の運転をする＝目的地に向かう。

・アプリやCDを聞きながらスピーキングする＝英語の勉強をする。

スマホアプリでオススメなのは、「Real英会話」です。日常的に使う英会話のフレーズが、音声付きで紹介されている英会話アプリなのですが、僕は車に乗っているとき、よくこのアプリを起動させています。

CDは、まず日本語が流れ、少し間が空き、そのタイミングで英作するタイプのものがいいと思います。大抵その後で英語が流れるので、すぐに答えがわかりますし、思ったことを英語で話す瞬発力が身につきます。

こういう瞬間英作文タイプでオススメなのが、『英語のスピーキングが驚くほど上達するNOBU式トレーニング』（山田暢彦著）です。この本にも

CDがついているのですが、載っている例文がシンプルで実際に使いそうなものが多く、すごく実践的です。

アプリやCDだけでなく、インターネットを活用することもオススメです。今はYouTubeなどでも英語学習ができます。僕もユーチューバーとして有名なバイリンガールのちかさんや、効果的な英語学習法をアップし続けているATSUさんなどの動画を見て英語学習のモチベーションを上げてきました。

「キレイな発音方法」「単語を覚える方法」「英会話のコツ」などのキーワードで検索すると、たくさんの動画がアップされています。ぜひ、そういったものも見てみてください。

勉強していて気づいたのですが、参考書などに載っている例文で、「店員の態度が悪い」とか「バッグを盗まれた」とかネガティブなものを時々見かけます。現実は言葉が作るものなので、ネガティブなことを反復するとその現実を引き寄せてしまう可能性があります。そこで皆さんに提唱するのが、「ポジティブイングリッシュ」です。

英語を話すときは、日本語を話しているときよりも人格に変化が出ます。それを利用して、英語を話す自分を「なりたい自分」に作り替えてみてはいかがでしょうか？

自己紹介イングリッシュを作るときに、「どういう人間として見られたいか」を意識してください。「前向きな人間」「ユーモラスな人間」「信頼感のある人間」など自分がイメージした印象を相手に伝えられるように、英文をカスタマイズするのがいいと思います。

二毛作的な意味合いでの「ながら」であれば、
時間の有効活用になる。

フライト時間に英語のウォーミングアップをしよう。

いざ海外へ行くことになったら、飛行機に乗っている時間も有効活用しましょう。

たとえば、飛行機に乗っていると食事の時間がやってきます。キャビンアテンダントさんから、

Chicken or fish?（チキンと魚、どちらにしますか？）

などと聞かれると思いますが、ここで、

Can I have the chicken, please?（チキンをいただけますか？）

と、文章の形で答えるようにしてください。正直、「Chicken, please」で十分通じますが、文章の形で答えて少しずつ実践慣れしていくのがいいと思

います。せっかく英語を勉強しているのであれば、きちんとした英語で答えたほうがよくないですか？

文章の形で答えるほうが紳士的（あるいは、淑女な感じ）で素敵だから、というのもありますが、狙いはそれだけではありません。

考えてみてください。行き先は海外。到着したら英語でコミュニケーションを取る可能性が高いのです。目的地となる国の母国語が英語であるかそうでないかという問題もありますが、英語が国際言語となっている以上、非ネイティブ同士で英語のやり取りをするケースも十分想定できます。

であれば、準備運動をすべきです。準備運動をしないでいきなり運動すると怪我のリスクが高まるのと同じように、現地でいきなり英語を喋ろうとすると、誰だって焦ってしまいます。本来の自分の実力を発揮できない状態になってしまうのはもったいないと思います。

海外旅行をして、二〜三日目くらいから何となく慣れた感じになることはありませんか？　あれは、初日が「準備運動なし」の状態だからだと思います。

なので、フライトの時間を利用して、キャビンアテンダントさんに英語のウォーミングアップ相手になってもらうんです。

仮に間違っても問題ありません。キャビンアテンダントさんは、あなたが言おうとしていることを聞き取ろうとしてくれますし、大抵のことは理解してくれます。なぜなら、話す内容が多岐にわたるわけではないからです。食事と飲み物のセレクト。ブランケットや雑誌、新聞のリクエストくらいでしょうか。

ですから、「あー、ビールが飲みたいなぁ」と思ったら、「Beer, please」ではなく、

Can I have a beer, please?

というような言い方を心がけてみてください。どんな種類があるか教えてもらいたい場合は、

What kind of beer do you have?

という聞き方をすると教えてくれると思います。

シンプルな英語で構いませんが、単語ではなく、文章で。

このくらいであれば、キャビンアテンダントさんにも迷惑がかからないし、英語の準備運動もできます。さらには、ちゃんと通じると、「よし、英語大丈夫！」とちょっとだけ自信を持つことができます。


以前、機内で飲んでいたコーヒーをおかわりしようとして、

Excuse me, could I get a refill, please?（すいません、おかわりをいただけますか？）

と言ったことがあります。隣にいたスタッフが「英語できるんですね！」と驚いてくれました。何だか鼻高々。この経験以降、飛行機の中では自信を持って文章の形で話せるようになりました。

結局は、自信を持てるかどうかがポイントになるのです。

こう書いても、初めてキャビンアテンダントさんに英語で喋ろうとするときに恥ずかしさを覚える人がいるかもしれません。でも、逆に言うと、必要なのはその恥ずかしさを振り払う勇気だけ。間違った英語を使ったからといって、入国拒否されることは一〇〇%ありません。実に費用対効果（持ち出しは〇円！）がいい準備運動です。

そのことに気づいてからというもの、僕は積極的に英語で話しかけるようになりました。飲み物や食べ物以外でよく使うのは、これです。

Could I have one more blanket, please?（もう一枚、毛布をいただけますか?）

あと、実は知っていることだとしても、英語の訓練だと思ってあえて聞いたりします。空港のカウンターで「Excuse me」などと話しかけ、チケットを見せながら、

How long does it take to get there?（ここからどのくらいかかりますか?）

と聞いてみたり。無料で生の英語と触れ合うチャンスだと思えば、生かさない手はありません。

準備運動になって、しかも自信が持てる。ぜひともトライしてみてください。

コミュニケーションでは、「間」が大事。

学校教育での英語学習がたまに話題になっています。

確かに、直立不動状態で教科書を顔の前に掲げ、「This is a pen」などと言うシチュエーションは、実際のコミュニケーションにおいてはないと思います。でも、この教室の風景が僕らのマインドセットにロックをかけてしまっているのは否めません。

「eLingo」で、新しく入った方に自己紹介をしてもらうと、ほとんどの生徒さんたちは、一様に棒立ちで話し始めます。他の語学研修でも同じような光景を目にしましたし、僕も初めはそうでした。

そこでナズは、リアルなファーストミーティングを徹底的にやることを勧めてくれました。どういうタイミングで握手をするのが自然かなど、かなり細かい点まで学べるようにカリキュラムを考えていったのです。

ファーストミーティングを完璧にしたら、セカンドミーティングではどう挨拶するかを学びます。それも覚えたら次は定期的に会う人とはどう挨拶するか、を覚えていくのです。

初めて会ったときは、

It's a pleasure to **meet** you.

これは「It's nice to meet you」の丁寧な言い方です。では、二回目に会ったときにどう挨拶するか、ご存じですか？

It's a pleasure to **see** you again.

少し変わるだけですが、セカンドミーティングの挨拶をファーストミーティングと使い分けて瞬時に言える人は意外に少ないと思います。

じゃあ、定期的に会う人に対しては？

It's a pleasure **as always**.

となります。

また、受験勉強のように、机で英単語を覚えたり文法を学んだりするスタイルでは、コミュニケーションの「間」を習得できません。この本が目指しているのは「英語でコミュニケーションを取ること」なので、単語や文法と同じように、間も重視しています。

たとえば、日本でビジネスマン同士が初めましての挨拶をする場合。

「須藤です。はじめまして」

「青木です。はじめまして」（着席）

という形にはならないのではないでしょうか。実際の初対面の挨拶はもっと「遊び」の部分があると思います。たとえば、

「どうも、須藤です。お電話では……」

「そうですね。なんか、初対面って感じしませんね。青木です」

「お待たせしちゃってすみません」

「私も今来たところですから。とりあえず座りましょうか」（着席）

という感じになるのではないでしょうか。「どうも」とか「なんか」とか「とりあえず」とか、別にそれが絶対に必要というわけではない言葉ですが、潤滑油的に挟むことが多いはずです。

英語でそれにあたるのが、「Hi」や「So」、「Well」です。質問されて答えるときは「Well」を使うことが多く、こちらから相手に話題を投げかけるときには「So」を使います。

たとえば僕が初対面の外国人に挨拶するとして、まずは自分の名前を言います。それに対して相手も名乗る、という場面。

須藤：**Hi,** Nice to meet you. My name is Genki Sudo. Please call me Genki.

（どうもはじめまして、須藤元気です。元気って呼んでね）

相手：**Hi, Genki.** I'm Michael. Nice to meet you.（やあ、はじめまして、マイケルです）

須藤：**Hey, Michael. So…,** what brings you to Japan?（どうもマイケル。うーんと、何で日本に来たの？）

という感じになります。太字にしたところがいわゆる潤滑油的に間合いを取るための言葉。実際に誰かと対面してコミュニケーションを取るときは、これが大事です。ビギナーの方の多くは「So」や「Hey」を口にしません。

このやり取りを学校の教科書みたいにコミュニケーションの遊びがない状態でやると、

須藤：Nice to meet you. My name is Genki Sudo.

相手：Nice to meet you. My name is Michael.

須藤：What brings you to Japan?

大げさかもしれませんが、英語を学び始めの人はこれに近い感じのやり取りをしています。

全てのインプットは、アウトプットを想定してください。そうしないと、間違ってはいないけどなんだかロボットみたいなコミュニケーションを習得してしまい、実践との温度差が生まれます。

語彙とか文法に対する知識と同じように、「間」に関しても少し気を配るようにすると流れがよくなると思います。

ネイティブっぽく見せる秘訣。「場をつなぐ言葉」の威力。

皆さんは、自分が誰かと会話しているときのやり取りを聞いたことがありますか？　もし未経験だったら、試しにスマホか何かで数分間録音してみてください。

そこには、たくさんの気づきがあるはずです。

おそらく多くの人が、「人間って、淀みなく話しているわけではないんだな」ということに気づくはずです。自分では理路整然と話しているつもりでも、実際には、「うーん、どう言えばいいかな」とか「ほら、あれ……何て言うんだっけ？」とか、考えている時間に沈黙が流れないための言葉もたくさん発しているると思います。

だからといって、会話が行き詰まっているわけではありません。「えっとね」とか言いながら、その間に言うべきことを考えていることが多いのではないでしょうか。

英語でも同じです。

僕ら日本人はついつい英語に対して「うまく言えなかったらどうしよう」「この言い方で合ってるかな」と構えがち。そのため、完璧な文章で話さなきゃと思い込んでしまうところがあります。

こういうところに日本人の生真面目さがついつい発揮されてしまうのかもしれません。この真面目さは僕らの美徳でもあるのですが、会話の場合はもっと鷹揚《おうよう》に構えて大丈夫なのではないでしょうか。教科書や参考書に書かれている英語のように会話がスムーズに流れていくことはほとんどないので、気楽に考えたほうが絶対にいいです。

それに、「間違えたくない」とガチガチに緊張した状態で話されたら、相手だって「なんか、ぎこちない……」と思ってしまって、会話の内容どころではなくなってしまいます。二人の間に漂う謎の緊張感。それは避けたいところです。コミュニケーションは侍同士の立合いではありません。

僕は、英語で誰かと話す際に「場をつなぐ言葉」を間に挟むことを勧められたので実践しているのですが、これをやると沈黙が埋まるだけでなく、何となくネイティブっぽく見えるから一石二鳥です。

「場をつなぐ言葉」とは具体的に言うと、前述した「Well」とか「So」とか、他だと「you know（えーっとね）」「like～（たとえばさ）」「let me see（えーっとね）」とか、そういうやつです。映画を観ていると、こういう言葉がよく使われているのに気づきませんか。あれを使うと「英語慣れ」している人っぽく見えます。

何て言うかわからないときに日本人は「えっと、なんだっけ」と日本語で言ってしまいがち（こう言う人は本当に多い）ですが、ここで、

Well...,it slipped my mind.（忘れちゃったよ）

It's on the tip of my tongue.（ここまで出かかってるんだけど、思い出せない）

などと言うと、ほら、ネイティブっぽい。

たとえば、「森（forest）」という単語が出てこなかったとしても慌てず騒がずゆっくりと、

Let me see..., what is it called?

とか、

Well..., how do I say that?

（何て言うんだっけ？）

とか聞いてしまえばいいのです。日本語でもこういうやり取りはよくあるはず。「ほら、あれあれ。木がいっぱいあってさ、鬱蒼《うっそう》としててさ」「森？」「そう、森だ！」みたいなやり取り（「鬱蒼」という言葉が出てきて「森」が出てこないのは逆にすごいですが……）。

仮に「森」が出てこなくて無為に時間が流れてしまったら、

OK! Never mind. So…

（いいや！　気にしないで。そう言えばさ…）

と言って、話を流して新しい話題に入ってしまえばいいのです。日本語のやり取りだって「まぁいいや。忘れて忘れて」と言って、別の話題に転じることがあるのですから、これくらいは自然なことです。

「**That's a good question**（いい質問ですね）」「**That's an interesting question**（面白い質問ですね）」「**Oh, great question**（素晴らしい質問だ）」も便利で使えるフレーズです。考える時間も稼げますし、相手も気持ちよさそうですし、なんかちょっと頭よさそうですし。

他にも、「**I haven't really thought about that**」（今まで考えたことなかったな）と言いながらしばらく考え、「**I'm not so familiar with that, but I guess~**（詳しくないけど、僕が思うに～）」と言いながら自分の考えを話すというのもオススメです。

僕はこういう「場をつなぐための言葉」も音読しまくって体が覚えている状態にしています（何度も言いますが、音読大事です）。だから、躊躇なく出てくるのです。

実際に話すときは、淀みなく話すわけではありません。会話においては相手が言葉を挟んでくることも当然ありますし、違うことに気を取られて言葉が止まることもあります。

そもそもスピーチじゃないのですから、一気に話しても相手が聞いてくれないかもしれません。

だから七四ページのような自己紹介イングリッシュを実際に話すときは、

須藤：（何を言うか考えている風な表情を浮かべながら）**Well..., I do a bit of everything.**（何となく話すことがまとまった感じを出しつつ）**Back in the day, I used to be a professional fighter.**

相手：**Oh, really? Professional fighter?**

須藤：（穏やかに微笑みながら）**Yeah. But I retired from fighting 11 years ago.**

相手：**Really? Why?**

須藤：**Because...**（決め台詞を言う感じで）**I'm a lover not a fighter.**（※映画『ロッキー』の名言らしく、アメリカ人相手だとウケる）

相手：（笑）

須藤：（ウケたことが嬉しい表情を維持したまま、ちょっと得意げな感じで）**Currently, you know, I'm the head coach of a University wrestling team.**

相手：**Oh, you are very talented!**

須藤：**Well, I wish.**（そうだといいのですが。フフフッ〈リチャード・ギア風に〉）

　みたいな感じでキャッチボールになるのが普通です。この流れで、話題を広げるなどして展開していくのです。

最近だと、英会話学校「eLingo」のことを話すことも多く、

須藤：**Well, I can make money, and also I can study English at my school.**（自分の英会話学校だから仕事でもあるのですが、同時に英語も勉強できるんです）

相手：**Oh! That's a good idea!**（それはいい考えですね！）

須藤：**Thanks. So, I can kill two birds with one stone.**（ありがとうございます。一石二鳥です）

相手：**You are so smart!**（賢いやり方ですね！）

須藤：**Well, I wish.**（そうだといいのですが。フフッ〈ロバート・デ・ニーロ風に〉）

というやり取りをすることも多いです。こういったやり取りはだいたいパターン化していて、相手が誰であれ初対面の人であればほとんど（多少の違

いはあるにせよ）同じやり取りになります。だから、経験を積めば積むほど完成度が高くなっていくのです。

あと、英語がうまく話せるように見える方法をお教えします。見えるだけではなく実際にうまくなります。

英語はどんどん付け足すことができるんです。

たとえば、「I met my friends」と言ってから、「学校で会ったな」と思ったら「I met my friends **at school**」、そして「会ったのは朝だったな」と思ったら「I met my friends at school **this morning**」というように、ただ単に情報を付け足していくだけで長い文章を話せ、英語がうまい人に見えます。

はじめから、「I met my friends at school this morning」と言おうとすると焦ってしまうかもしれませんが、まずは「I met my friends」と言ってしまってから、どんどんと足していけばいいのです。

こういう付け足しイングリッシュもぜひ使ってみてください。

真面目さは日本人の美徳でもあるが、
会話の場合はもっと鷹揚に構えて大丈夫。

Chapter 3

実践篇

身につけた英語をどう活用するか

元副大統領アル・ゴアさんとの対談。

英語には丁寧語がない。

そんなことを聞いたことはありませんか？　僕もそう聞いていたので、「英語って、やっぱりフレンドリーな関係性をベースにした言葉なんだな」と思い続けていました。

おかげで、今思い返せば恥ずかしい経験をする羽目になったのです。

あれは忘れもしない二〇〇七年の出来事。その前年の暮れに格闘家を引退したばかりの僕は、新しい人生に向けてワンステップ踏み出そうとしているところでした。

この頃、すでに英語の必要性は感じていましたが、「英語でコミュニケーションを取る」なんて夢のまた夢みたいな時期でした。

ところが、ある雑誌の企画で実現した対談で、目の前には世界的VIPが。アル・ゴア。アメリカのクリントン政権を支えた元副大統領です。

対談中の彼は終始穏やかで、僕の言葉（日本語）に真摯に耳を傾けてくれました。ジェントルマン。

でも、僕は対談が始まる前にすでにやらかしていたのです。

一体いつ？

答えは、「会った瞬間。挨拶のとき」です。

当時の僕は、とりあえず英語の挨拶は「Nice to meet you」とファーストネームだけ言えばいいと思い込んでいたので、部屋に入ってきたアル・ゴアさんに対して、穏やかな微笑とともにこう挨拶しました。

Nice to meet you, I'm Genki.

このシチュエーションでの挨拶としては、これは決してふさわしいものではないということをよくわかっていませんでした。

通訳の方が焦った顔をして、「／・・・・☆～○□」と補足情報をゴアさんに言っているのが聞こえ、雑誌の編集の人たちも「ミスキャストしちまった」というリアクションをしていました。そこで初めて、フランクすぎたファースト・インプレッションだったことに気がついたのです。

言うなれば、僕は『ドラゴンボール』の孫悟空みたいなもので、アル・ゴアさん相手に「オッス、オラ悟空！」と挨拶したようなものです。

こういう場合、どういう挨拶をするのがいいのでしょうか。

皆さんも、目上の人に挨拶することがあるかもしれないので、覚えておいてください。

It's a pleasure to finally meet you.（やっとお会いできて光栄です）

「nice」ではなく「pleasure」。しかも、「finally（ついに）」なミーチュー（meet you）。光栄感全開の極上の挨拶です。

自分の名前を言うときも気をつけましょう。「I'm（First name）」はカジュアルな言い回しになります。ゴアさんのような方に挨拶する際にはフォーマルな自己紹介にすべき。「My name is（Full name）」と言うのが正解だったのです。

あれから一〇年以上の月日が流れ、僕も経験を重ねました。オフィシャルな場で英語を喋ることも前より多くなりましたし、世界の要人とまた会うこともあるかもしれません。

なので、今僕は「eLingo」でエグゼクティブとやり取りするときのための英語を学んでいます。「オッス、オラ元気！」から卒業する時期がやってきたのです。

今の僕は基本的に「フレンドリーな言い回し」ではなく、「丁寧な言い回し」で話すようにしています。

アル・ゴアさんとの挨拶であれば、彼が部屋に入ってきたら、

Oh, It's a pleasure to finally meet you.

と言って、

Please allow me to introduce myself. My name is Genki Sudo.

と続ければよかったのです。

アル・ゴアさんとしても、「オッス、オラ元気！」と言って近づいてくる若者より話し甲斐があったはずです。

ちなみに、この対談のテーマは「環境問題」でした。対談の最後にゴアさんが「君に紹介したい人がいる」と言ってくれました。何とその相手はレオナルド・ディカプリオ。「彼、今度日本に来るから一緒に食事するといいよ」と言って、その場で電話してくれました（ホントです）。

後日、食事には行きませんでしたが、実際にディカプリオさんと会うことになりました。同じ失敗を繰り返さないと決めた僕はいろいろ話そうと台詞を考えていきました。

夜の六本木ヒルズにディカプリオさんが現れました。世界的有名人なので緊張して、言おうと思っていた丁寧な言葉が出てこない……。そして何か話さなければと焦ってしまい、反射的にこんな言葉が出てきました。

「Hey, I'm Genki（オッス、オラ元気！）」
歴史は繰り返す。僕はタイタニック号となって深海に沈んでいきました。
やはり、いくら完璧な台詞を作っても、反復して体に染み込ませないと出てこないのです。

僕は今、「丁寧な言い回し」の英語を学んでいると書きました。もちろんフレンドリーなほうがふさわしい場面では「Nice to meet you」も使いますが、大人同士の挨拶など丁寧なほうが好ましい場面では、初めて会った人に、

It's a pleasure to meet you.

と言うようにしています。多くの人が「Nice to meet you」と挨拶している中で「ワンランク上」感を演出できるこの挨拶。オススメです。

こういう言い回しを悟空にも教えてあげたい。そうしたら、彼は「こんにちは、私は悟空と申します」と丁寧な挨拶を覚えてくれるはずです。

英語にも丁寧な言い回しがある。

僕のリアル英会話。珍味好きのアメリカ人の場合。

約一年間で身につけた英語を、僕が実際のコミュニケーションの場でどう使っているのかを書きたいと思います。

あれは確か去年の夏ぐらいのことでした。

場所は新宿、思い出横丁。

僕がたまに行く「朝起（アサダチ）」という珍味を出すお店で、友人のミコガイくんとお酒を飲んでいました。

と、そこへ四人の外国人。

その店は「ノーイングリッシュメニュー」と強気の姿勢を崩さないサムラ

イスタイルの営業方針なのですが、それを知ってか知らずか、その四人は店の入り口のところで、

Table for four, please.（四人なんだけど、いいですか？）

と言いました。「あー、うちはノーイングリッシュメニューよ。オケー？」と大将が言いました。大将と顔見知りの僕は、「大将、僕に任せてください」と言って、彼らには「僕が通訳するよ」と告げました。

幸いなことに、僕らが飲んでいる隣のテーブルが空いていたので、そこに座ってもらいました。まずはお互いに改めて挨拶。

須藤：**Hi, I'm Genki. Nice to meet you.**（元気っていうんだ、よろしくね）

相手：**Hi, Genki. Nice to meet you. I'm John.**（こちらこそよろしくね、元気。俺はジョンだよ）

須藤：**So, where are you guys from?**（どっから来たの？）

相手：**We are from California.**（カリフォルニアからなんだよね）

須藤：**Really? I went to San Francisco a few years ago.**（ホント？　俺、何年か前にサンフランシスコに行ったよ）
相手：**Oh, really? We are working at Dropbox in San Francisco.**（そうなの？　俺ら、サンフランシスコにあるドロップボックスで働いてるんだよね）
僕は友人ミコガイくんを紹介しました。「This is my friend Mikogai」
「アイアム　ミコガイ。アイライク　ベースボール！」

と、こういう感じで会話が始まりました。
What do you want to drink?（何飲みたい？）
ビールがいいとのことなので、頼んで乾杯。
ここがどういう店か知っているのかはわからないけれど、
What do you want to eat? Actually they have some delicacies.（何食べたい？　ここは変わった珍味があるよ）
と言うと、彼らはネットで調べたらしくそれを知っていました。

「**Anyway, you can't eat horse sashimi in America, so would you like to try that?**（とりあえず、馬刺しあたりはアメリカでは食べられないからいいんじゃない？）」と言ったら、彼らは「**I can't believe you guys eat horse sashimi!**（馬を刺身で食べるなんて信じられねーよ！）」とリアクション大。

この店の名物の一つである豚のキンタマの刺身を食べたいか聞いてみると、「**Oh, my God!**」とテンションMAX！

「残念、豚のキンタマ、今日は終わったよ」と大将が言いました。それを伝えると、「**Oh, man!**」。彼らは豚のキンタマを相当食べたかったらしく、心から悲しんでいました。友人ミコガイくんも頭を抱えて一緒に悲しみました。

「アイライクキンタマ　ノーキンタマ　ノーライフ！」

そのお店はサンショウウオの姿焼きが食べられるところでもあるのですが、「そういえば、サンショウウオって英語で何て言うんだろう？」と呟いたら、大将が「サラマンダーね。サラマンダー」と言いました。

「サラマンダーって何ですか？」

「あっ、サンショウウオのこと。最近外国人客が増えて、サンショウウオを注文する客が多いんだ」

「**Oh yeah, salamander**（あー、サンショウウオね）」

聞けば、日本の観光サイトにこの店が紹介されているらしく、ディープ東京を求めて外国人が来るようなのです。彼らはサンショウウオを結構注文するみたいで、大将は「サラマンダー」という単語を覚えたとのこと。人は自分の人生を生きていく上で必要なものを身につけていく。奥深い真理。やはり、フレームワークを動かすことが、人生を豊かにする秘訣です。

待つこと数分。サラマンダー到着。

念願のサラマンダーを興味深そうに眺め、嬉しそうに食べている彼ら。サラマンダーもなんだか嬉しそう。丸焼きだけど。

ミコガイくん：「インスタバエ。インスタバエ」

彼らと会うのは初めてでしたが、

How long have you been here?（どのくらい滞在するの？）

What brings you to Japan?（どうして日本に来たの？）

Do you have any exciting plans?（何か面白い予定があるの？）

Where do you wanna（want to）go?（どこに行きたいの？）

など、初対面の人に聞くことはたくさんあります。僕はファーストミーティングの練習を散々やって、そういった言い回しを口に馴染ませているから、特別意識しなくても聞けるのです。

でも、別に難しい単語や文法があるわけじゃありませんし、これくらいなら皆さんもできるのではないでしょうか。

もちろん、合間合間にお互いのことを話します。僕は自己紹介イングリッシュで自分のことを伝えますし、彼らは彼らでいろいろなことを話します。そんなやり取りをしていれば一～二時間くらいはあっという間に過ぎていきます。

かつては「難しいな」と思っていたことでも、実際に英語を勉強した上でトライしてみれば、誰でもできることがわかります。できれば自信がつきます。その積み重ねで英語が上達していくのです。

あと、これは観光などで日本に来ている外国人と話すときにすごく使える質問イングリッシュ。

How do you like Japan?（日本はどうですか？）

ポイントは「Do～?」で聞かないこと。「Do you like Japan?」（日本好き？）だと、基本的には「YES」か「NO」での答えになってしまいますが、「How～?」で聞くと、「どのように好きか？」という質問になるので、相手が日本について感じたことを話してくれるのです。こういう「外から見た日本」を聞くのは実に刺激的。

彼らは彼らで日本がもの珍しいから、日本人といろいろ話したいのです。お酒の力もあるのでしょうか、段々とエンジンがかかってきます。

相手：**We really wanna go to Akihabara.Do you know any good maid cafes? I can't wait!**（俺たち秋葉原に行きたいんだ。メイドカフェ、いいとこ知らない？　ガマンできない！）
須藤：**Oh, maid cafe…I think he knows a good place.**（メイドカフェか…ミコガイくんがいいとこ知ってると思うよ）
相手：**Oh, really?**（ホント？）
ミコガイくん：「アイライク　メイドスメル！　グッドスメル！」

こっちが「これはマニアック」と思っても、相手が知っている場合があります。だから、「**as you may know**（知ってるかもしれないけど）」もすごく便利。ぜひ覚えて、使ってみてください。ちなみに、「may」を取ると「**as you know**」となり、これは「知っての通り」という意味になって、これも実践で使えます。

こうやってやり取りしていると、話があちこちに飛ぶことがあります。そういうとき、「さっき言ったけどさ」とか「話それちゃったけどさ」とか言って一つ前の話題に戻すことが日本語のやり取りではありますが、英語ではどう言うのでしょうか。これも僕はシャドーイングして体に染み込ませています。

So, **as I was saying,** I have an English school.
（さっき言ったけど、英会話学校やってるんだよね）

相手が言ったことに話を戻すときは、

I'm sorry, **you were saying**...you work at Dropbox, right?
（さっきDropboxで働いてるって言ってたよね）

こういった「as I was saying」とか「you were saying」とかは意外に教えてもらえない言い回しですが、スムーズに使えたらちょっとカッコイイのでぜひ皆さんも覚えてください。

僕らのディープな夜は更けていきました。帰り際、彼らとLINEを交換して、翌日観光案内してあげました。彼らは「**Thanks for the last 2 days!**

Thanks to you we had a great time. When you come to San Francisco, please contact us.（二日間ありがとう。おかげでとても楽しかったよ。サンフランシスコに来るときはいつでも連絡してくれ）」と言って、日本を楽しんでくれました。

国境を越えて友情が芽生えるのは嬉しいものです。

人は自分の人生を生きていく上で
必要なものを身につけていく。

意外に知らない？
失礼にならない「会話の終わらせ方」。

前述の楽しい夜は更けていったわけですが、もちろん、始まりがあれば終わりもあるのが世の常です。

楽しい会話にも終わりがやってきます。英語を勉強している人でも意外に知らないのが、会話が終わるときのやり取り。

つまり、「エンド・トーク」です。

日本語で言うところの「今日は楽しかったよ」とかそんな感じの言葉。そういうやり取りはどうすればいいのでしょうか。

「朝起」で散々珍味を堪能して、ふと気づけば他の友達と合流する時間が近

づいていました。彼らとメイドカフェの奥深さについて話していた僕は、

Well, anyway, it was nice meeting you.（とにかく、今日は会えて嬉しかったよ）

と言って彼らに別れを告げようとしましたが、彼らはまだまだトークを続けています。そこで僕は、

Oh listen, I'm sorry to cut this short, but I gotta（got to）go.（話切っちゃってごめん。そろそろ行かないといけないんだよね）

と言って割り込んでみました。

すると彼らもなかなかな時間になっていることに気づいたのか、それともメイドカフェ談義にひとまずの終止符が打たれたのか、口々に感謝の言葉。楽しい時間にも終わりの時が来たようです。

彼らとは翌日も会う約束をしていたので、

I look forward to seeing you tomorrow.（また明日会えるのを楽しみにしてるよ）

I had a great time with you today.（今日は会えてホントよかったよ）

Have a great evening!（お先に！）

などと言って、僕とミコガイくんは先に店を出ました。

このときの会話を細かく振り返ってみたいと思います。まずはじめに、僕は「**Well, anyway, it was nice meeting you**」と言っています。

この「**anyway**」は使える言葉です。日本語にすると「とにかく」とかそういう感じの言葉で、自分がばーっと話したことをまとめるときとか、話題を変えるときとか、いろいろなシチュエーションで役立ちます。話題を変えるときは「**by the way**（ところで）」も使えます。

気をつけなくてはいけないのは、相手が喋ってるときに「**anyway**」と割り込むのはNGということ。日本でも人の話に割り込むのは嫌われますが、英語でも同様です。

そして、「**It was nice meeting you**」。

「会えてよかったよ」という意味ですが、日本人の感覚だと気障《きざ》すぎるのかもしれません。でも、こういう台詞をスムーズに言えるといいですよね。

そして英語でコミュニケーションが取れるようになって実践を積み重ねると、「実はそろそろ行かなくてはいけない時間なんだけど、どう言っていいかわからない」という局面に出会うことがあると思います。そういうときに使えるフレーズは「**I'm sorry to cut this short**（いきなりですみません）」。これを相手に伝えてから「**I'm gotta go**（出なければいけないです）」などと言えば、失礼ではないですし、相手も理解してくれるはずです。こちらも覚えておくと便利ですよ。

「**I look forward to seeing you tomorrow**」も「**I had a great time with you today**」も「**Have a great evening!**」も、ネイティブスピーカーやナズに教えてもらったリアルな英語です。

コミュニケーションを「実戦」と想定していた僕は、こういう言い回しに特化して三ヶ月勉強しまくったのです。勉強したら実戦、勉強したら実戦。うまく言えなかったところは教えてもらって、やりなおし。そしてうまく言えるようになるまでシャドーイング。こういうプロセスを経て、ようやく英語が話せるようになりました。

朝起で出会った彼らとのコミュニケーションは、そういった日々の賜物《たまもの》なのです。皆さんもぜひトライして、自分の世界を広げていきましょう！

あとがき

この本を書き始めたとき、全然話せなかった自分が英語の本を出すことに違和感を少なからず覚えていました。でも、僕のように英語学習で苦戦している人たちの役に立てばと思い、出版させてもらうことになりました。

ちょっと暑苦しく聞こえるかもしれませんが、最終的に僕らに必要なのは覚悟です。三時間を三ヶ月続けるというのは、簡単そうですが意外にできないものです。実際に僕も挫折してきたことは本書でも触れましたが、それなりに覚悟を決めたからできました。

「やるって決めたらやるしかないな」。僕の格闘家時代のメンタルトレーニングの先生が、試合前に弱気な僕によく言っていた言葉です。実は、その先生が昨年、亡くなったことを知りました。デビュー前の二一歳の頃から無償でメンタルトレーニングをやっていただき、家族ぐるみで仲良くしてもらっていました。

しかし、格闘家として有名になった僕の驕《おご》りで、それまでの恩を忘れたかのように二六歳のときに先生の元から去りました。

格闘家として名前が売れ始めてから、僕は父親に会うたびに「いいかゲンキ、どんなときでも驕るなよ」と言われていましたが、その意味が二〇代の僕には理解できませんでした。

格闘家を引退してから少しは大人になった三〇代の僕は「いつか不義理をしたことに対して先生に謝りに行こう」と思っていましたが、結局その願いを叶えることはできませんでした。それは「時間はいくらでもある」と行動に移さなかった自分がいたからです。

このことがきっかけかどうかわかりませんが、昨年あたりから自分の限られたリソースをどのように使うか、それまでより意識的になったことは確かです。

ちなみに僕は先月で四〇歳になりました。その手前で「時間はあっという間に過ぎていく」ことに気がつき英語学習に取り組めたことはとてもラッキーでした。これからも全てにおいてベストを尽くそうと思います。

最後になりますが、僕の担当編集者の有馬さん、僕に素敵な英語を教えてくれるナズに感謝したいと思います。

そして皆さんが、この本をきっかけに英会話を楽しく学んでいただけるようになれば幸いです！

Where there is a will, there is a way.（意志あるところに道はある）

須藤元気

最終的に
僕らに必要なのは覚悟。

須藤元気 <著者>

1978年生まれ。高校時代からレスリングを始める。アメリカのサンタモニカ大学でアートを学びながら格闘家としての修業を続け、帰国後に逆輸入ファイターとしてプロデビュー。2006年現役引退後は作家、タレント、俳優、ミュージシャン等幅広く活躍。08年、拓殖大学レスリング部監督に就任。09年、ダンスパフォーマンスユニット「WORLD ORDER」を立ち上げ、話題になる。全ての活動を通じて「WE ARE ALL ONE」というメッセージを掲げ、共感を集めている。

Naz Nazeer <監修者>

2007年、ノッティンガム大学にて学士心理学を修了。世界各国に支社のあるイギリス大手出版社にて、海外から訪れる幹部クラスの顧客を対象に営業を担当し、一躍トップセールスマンとなる。11年、効果的な英語コミュニケーションを指導する夢を掲げ、日本へ移住。大手有名企業の役員を顧客に持ち、指導に当たる。16年、須藤元気と共に「eLingo」株式会社設立。これまでの担当生徒数は約2000人以上。

面倒くさがり屋の僕が3ヶ月で
英語を話せるようになった唯一無二の方法

2018年4月25日　第1刷発行

著　者　　須藤元気
発行者　　見城 徹

発行所　　株式会社 幻冬舎
〒151-0051東京都渋谷区千駄ヶ谷4-9-7
電話　03(5411)6211(編集)
　　　03(5411)6222(営業)
振替　00120-8-767643

印刷・製本所　中央精版印刷株式会社

検印廃止

ISBN978-4-344-03296-5　C0095
幻冬舎ホームページアドレス　http://www.gentosha.co.jp/

この本に関するご意見・ご感想をメールでお寄せいただく場合は、
comment@gentosha.co.jpまで。